ARD Buffet

SUPEREINFACH – SUPERLECKER

FEINE KÜCHE

für zu Hause

RUND UMS MENÜ

WISSENSWERTES

PORTRÄTS

INHALT

VORWORT

Die schönsten Tage im Leben sind auch deshalb die schönsten, weil es etwas ganz besonders Leckeres zu essen gibt! Oft erinnern wir uns noch Jahre später daran … Festtage in der Familie, innige Momente zu zweit, ein kulinarisches Dankeschön für etwas Gutes, das ein Freund uns getan hat – wenn wir jemanden bekochen und einladen, soll es etwas ganz Besonderes sein. Solche Rezepte finden Sie bei uns im ARD Buffet immer dienstags in der „Feinen Küche" – und in diesem Buch! Alle diese Gerichte sind ausgezeichnet – nicht nur, weil viele von preisgekrönten Sterneköchen stammen, sondern auch, weil sie mit besonders viel Liebe und Sorgfalt zubereitet und angerichtet werden. Sie machen im besten Sinne „viel her" – und müssen dabei nicht unbedingt teuer sein. Feine Küche ist eben mehr, als die Summe ihrer Zutaten. Viel Freude beim Feiern und Genießen wünscht

Sinje Matzner
(Abteilungsleiterin ARD-Buffet)

KLEINE GERICHTE

Was die Ouvertüre für die Oper ist,
ist die Vorspeise für ein gelungenes
Menü – ein Auftakt nach Maß,
der Lust macht auf mehr.

SPARGEL-ERDBEER-SALAT MIT TAHIN-ZITRONEN-SAUCE

Für 4 Personen | 30 Min. Zubereitung | ca. 20 Min. Garzeit

Rezept von Martina Kömpel

FÜR DEN SPARGEL-ERDBEER-SALAT:
1 kg grüner Spargel
250 g Erdbeeren
1 EL Puderzucker
40 g Pinienkerne (oder gesalzene Cashewkerne oder Pistazienkerne)
250 g junger Spinat
100 g Rucola (oder Senfblätter)
Sonnenblumen- oder Olivenöl
etwas Aceto balsamico

FÜR DIE TAHIN-ZITRONEN-SAUCE:
1 Knoblauchzehe
2 EL Zitronensaft
3 EL Tahin (Sesampaste)
Salz • Pfeffer aus der Mühle

1. Den Backofen auf 120 °C vorheizen. Den Spargel waschen und im unteren Drittel schälen, die holzigen Enden abschneiden. Die Erdbeeren waschen und putzen, je nach Größe halbieren und auf einem mit Backpapier ausgelegten Blech verteilen. Die Erdbeeren mit dem Puderzucker bestreuen und im Ofen auf der mittleren Schiene etwa 15 Minuten weich, aber noch leicht bissfest backen.

2. Die Pinienkerne in einer Pfanne ohne Fett duftend anrösten. Den Spinat und den Rucola verlesen, waschen und trocken schleudern.

3. Für die Tahin-Zitronen-Sauce den Knoblauch schälen und pressen. Mit Zitronensaft, Tahin und 4 bis 6 EL warmem Wasser zu einer cremigen Sauce verrühren. Mit etwas Salz und Pfeffer würzen.

4. Den Spargel in kleine Stücke schneiden. Etwas Öl in einer Pfanne erhitzen. Die Spargelstücke darin 5 bis 6 Minuten anbraten, bis sie gar sind, aber noch einen leichten Biss haben.

5. Spinat und Rucola mischen, mittig auf vier Tellern anrichten und mit etwas Öl und Essig beträufeln. Den Spargel und die Erdbeeren darauf anrichten, mit Tahin-Zitronen-Sauce beträufeln und die Pinienkerne darüberstreuen. Dazu passt mit Schafskäse überbackenes, geröstetes Dinkelbrot.

WARMER CHICORÉE-ORANGEN-SALAT MIT POLENTAPLÄTZCHEN

Für 4 Personen | 45 Min. Zubereitung | mind. 12 Std. Ziehzeit

Rezept von Vincent Klink

ZUTATEN:

ca. 300 ml Fleischbrühe
80 g Maisgrieß
30 g Parmesan (am Stück)
Salz • Pfeffer aus der Mühle
2 Orangen
1 Schalotte
2 Chicorée
1 EL Butter
Zucker
1 Ei
3 EL Weißbrotbrösel
3 EL Olivenöl

1. Für die Polentaplätzchen die Brühe in einem Topf aufkochen. Unter ständigem Rühren langsam den Maisgrieß einrieseln lassen und bei geringer Hitze quellen lassen (Quellzeit ist abhängig von der Grießsorte, dazu Packungsangabe beachten). Den Parmesan fein reiben und unter die gequollene Polenta mischen. Mit Salz und Pfeffer abschmecken.

2. Ein tiefes Backblech oder eine Auflaufform mit Frischhaltefolie auslegen. Die Grießmasse daraufstreichen und erkalten lassen, am besten über Nacht. Am nächsten Tag die Polenta aus der Form stürzen, die Folie abziehen und die Polenta in etwa 6 cm große, quadratische Plätzchen schneiden.

3. Die Orangen so großzügig schälen, dass auch die weiße Haut mit entfernt wird. Die Filets zwischen den einzelnen Trennhäuten herausschneiden, den austretenden Saft dabei auffangen.

4. Die Schalotte schälen und in feine Würfel schneiden. Den Chicorée halbieren, den Strunk in der Mitte herausschneiden und den Chicorée in Streifen schneiden. Die Schalottenwürfel in der Butter andünsten, 1 Prise Zucker dazugeben und karamellisieren. Zwei Drittel der Chicoréestreifen hinzufügen und unterrühren, den Orangensaft angießen und kurz schwenken. Mit Salz und Pfeffer würzen.

5. Das Ei in einer Schüssel verquirlen, die Polentaplätzchen darin wenden und mit den Bröseln panieren. In einer Pfanne 2 EL Olivenöl erhitzen und die Polentaplätzchen darin rundum anbraten. Die restlichen Chicoréestreifen und die Orangenfilets in einer Schüssel mit dem warmen Chicorée, der Flüssigkeit aus der Pfanne und 1 EL Olivenöl mischen. Den Salat mit Salz und Pfeffer abschmecken und mit den Polentaplätzchen servieren.

COUSCOUS-SALAT MIT WEINGELEE UND FEIGENTATAR

Für 4 Personen | 30 Min. Zubereitung | 1 ½ Std. Kühlzeit | 15 Min. Quellzeit | ca. 20 Min. Garzeit

Rezept von Jörg Sackmann

FÜR DAS WEINGELEE:
250 ml kräftiger Rotwein (z. B. Spätburgunder)
120 ml Portwein
2 EL Zucker
3 Blatt Gelatine

FÜR DEN COUSCOUS-SALAT:
150 g Ananas-Fruchtfleisch
1 Orange
1 Grapefruit
200 g Couscous
½ TL Currypulver
1 Prise Ras-el-Hanout (marokkanische Gewürzmischung)
30 ml Reisessig (aus dem Asialaden)
30 ml Sweet-Chili-Sauce (aus dem Asialaden)
20 ml Austernsauce (aus dem Asialaden)
150 ml Weißwein
2 EL Olivenöl
2 Bio-Limetten
2 Stängel Zitronengras
50 g Butterflocken

FÜR DAS FEIGENTATAR:
400 g reife Feigen
200 g Blauschimmelkäse (z. B. Gorgonzola)
Salz
Piment d'Espelette
50 g Macadamianusskerne

1. Für das Weingelee Wein, Portwein und Zucker in einem Topf aufkochen und um die Hälfte reduzieren. Die Gelatine in kaltem Wasser 10 Minuten einweichen, gut ausdrücken und unter Rühren im warmen eingekochten Wein auflösen. Die Flüssigkeit in einer kleinen, mit Frischhaltefolie ausgelegten Form kühl gestellt etwa 1 ½ Stunden fest werden lassen.

2. Für den Couscous-Salat die Ananas in feine Würfel schneiden. Orange und Grapefruit so großzügig schälen, dass auch die weiße Haut mit entfernt wird. Die Filets zwischen den einzelnen Trennhäuten herausschneiden und fein würfeln. Den Couscous mit Curry, Ras-el-Hanout, Reisessig, Sweet-Chili-Sauce, Austernsauce, Weißwein, Olivenöl und den gewürfelten Früchten mischen und etwa 15 Minuten quellen lassen.

3. Die Limetten heiß waschen und trocken reiben, etwas Schale abreiben und den Saft auspressen. Saft und Schale in einen Topf geben. Vom Zitronengras die welken Außenblätter und die obere, trockene Hälfte entfernen, die untere Hälfte fein hacken. Das Zitronengras im Limettensaft mit 1 l Wasser aufkochen. Ein Sieb mit einem dünnen Passiertuch auslegen, die Couscousmasse hineinfüllen und über dem heißen Wasserdampf zugedeckt etwa 20 Minuten garen. Die Butterflocken unterheben.

4. Für das Feigentatar zwei große Feigen beiseitelegen, die restlichen Feigen schälen und in Würfel schneiden. Den Käse grob reiben, mit den Feigenwürfeln mischen und mit Salz und 1 Prise Piment d´Espelette würzen. Die restlichen Feigen in grobe Würfel schneiden. Die Nüsse in einer Pfanne ohne Fett anrösten, dann fein hacken. Das Weingelee mithilfe der Folie aus der Form nehmen, die Folie entfernen und das Gelee in kleine Würfel schneiden. Den Couscous-Salat mit Feigentatar, Weingelee und Macadamianüssen anrichten und servieren.

1/4TSP

CHAMPIGNON-CARPACCIO

Für 4 Personen | 30 Min. Zubereitung

Rezept von Jörg Sackmann

ZUTATEN: 3 Tomaten • 3 Stiele Basilikum • 100 g gemischte Asia-Salate (z. B. Senfkohl) • 1 Zwiebel
3 Scheiben Bacon (Frühstücksspeck) • 80 ml Olivenöl
3 EL Balsamico bianco • Meersalz • Pfeffer aus der Mühle • Saft und Schale von 1 kleinen Bio-Zitrone
50 ml Geflügelfond (aus dem Glas) • 200 g rosa Champignons • 12 Macadamianusskerne • 2 Orangen • 150 g Ziegenfrischkäse • 1 EL Thymianhonig • Zitronensalz

1. Die Tomaten kreuzweise einritzen, überbrühen, häuten, vierteln und entkernen. Die Tomatenviertel in Würfel schneiden. Das Basilikum waschen, trocken schütteln und die Blätter abzupfen. Die Asia-Salate verlesen, waschen und gut abtropfen lassen.

2. Die Zwiebel schälen, mit dem Speck fein würfeln und beides in 1 EL Olivenöl andünsten. Mit Essig ablöschen und mit Salz und Pfeffer würzen. Zitronensaft und -schale, 60 ml Olivenöl und Fond untermixen. Die Tomatenwürfel und das Basilikum unterrühren.

3. Die Pilze putzen und in feine Scheiben schneiden. Je 1 EL Olivenöl auf die Teller träufeln, die Pilze daraufschichten und mit Salz und Pfeffer würzen. Etwas Vinaigrette darüberträufeln. Die Nüsse grob hacken. Die Orangen so großzügig schälen, dass die weiße Haut mit entfernt wird, und die Filets herausschneiden. Den Ziegenkäse klein zupfen.

4. Den Salat mit Vinaigrette marinieren und auf den Pilzen verteilen. Orangenfilets und Ziegenkäse darübergeben, mit Honig beträufeln und etwas Zitronensalz, Pfeffer sowie die Macadamianüsse darüberstreuen.

JÖRG SACKMANN – DER FAMILIENMENSCH

Am liebsten würde Jörg Sackmann seinen Enkelkindern Nils und Paul schon jetzt einen Stern verleihen: Ihre Begeisterung fürs Kochen erfüllt den Sternekoch mit Stolz und Freude.

Steckbrief
Geboren: 1960 in Frankfurt am Main
Beruf: Chef de Cuisine und Hotelbesitzer
Motto: Nicht stehenbleiben – weiterkommen!
Restaurant: Gourmet-Restaurant Schlossberg im Hotel Sackmann, Baiersbronn
Auszeichnungen: u.a. 2 Michelin-Sterne

Ein Kind seiner Eltern
Als Jörg Sackmann 1960 kurz vor Weihnachten das Licht der Welt erblickte, wurden damit bereits die Weichen gestellt, die für sein Leben bestimmend sein sollten. Seine Eltern Anita und Reinhold Sackmann waren Hoteliers und hatten in den frühen 60er-Jahren das kleine, elterliche Café im beschaulichen Baiersbronn im Schwarzwald in ein gut besuchtes Hotel verwandelt. Jörg verbrachte hier zusammen mit seinen beiden Geschwistern eine glückliche Kindheit, die geprägt war vom großen Familiensinn seiner Mutter, der guten Seele des Hotels. Von ihr lernte er, was es heißt, einen Hotelbetrieb zu leiten. Dass die Liebe zur Gastfreundschaft unbedingt dazugehört, wenn man erfolgreich sein will. Und wie gut es funktionieren kann, wenn ein Unternehmen im Familienverbund geführt wird.

„Feine Küche gelingt mit erstklassigen Produkten und einfacher Zubereitung."

Sein Weg in die gehobene Gastronomie
So verwundert es auch gar nicht, dass Jörg Sackmann sich dazu entschied, dem Hotel- und Gastgewerbe treu zu bleiben und eine Ausbildung als Koch absolvierte. Nach der Lehre im Hotel Traube in Tonbach und Stationen bei Harald Wohlfahrt in der Schwarzwaldstube, bei Henry Lévy in Berlin, im Brenners-Parkhotel in Baden-Baden und schließlich im Aubergine in München bei Eckart Witzigmann kam er endgültig in der obersten Liga der Köche an. 1989 kehrte Jörg Sackmann zurück in den Schwarzwald und stieg mit seiner Frau Annemarie in den elterlichen Betrieb ein.
1993 eröffnete er dort im Hotel sein eigenes Restaurant: das Gourmet-Restaurant Schlossberg. Der

4 Generationen Sackmann: Jörg Sackman mit Vater, Schwester, Ehefrau, beiden Söhnen, Schwiegertöchtern und Enkelkindern.

kreative Umgang mit Produkten, die Perfektion bis ins Detail und die Leidenschaft für die Kochkunst seiner großen Lehrmeister haben ihre Spuren hinterlassen. Mittlerweile ist er mit 2 Michelin-Sternen und 17 Punkten im Gault Millau ausgezeichnet.

Inspiration weltweit – Genuss zu Hause

Seine Ehrung als „kreativster Koch des Jahres 2003“ charakterisiert, was Jörg Sackmanns Küche ausmacht: Für ihn ist Kochen pure Kreativität. Mit seinem feinen Gespür für Aromatik und einem modernen Umgang mit hochwertigen Produkten schafft er es, Tradition und Weltoffenheit zu verbinden, ohne bemüht zu wirken. Seine besondere Liebe gilt dabei der asiatischen Küche, von der er sich immer wieder gerne für eigene Kreationen inspirieren lässt. Als neugieriger Mensch ist ihm ein Kontinent aber längst nicht genug. Jörg Sackmann isst gerne weltweit und nimmt dafür auch so einige Flugmeilen in Kauf. Und nutzt den Weg, um im Kopf bereits entstehen zu lassen, was in Baiersbronn auf den Teller kommt. Harmonisch ausbalancierte Menüs auf hohem Niveau sind eben erst mal Kopfarbeit.

Die Tradition lebt

Jörg Sackmanns Sohn Nico ist mittlerweile aktiver Teil des Hotelbetriebs und tritt auch als Koch in die Fußstapfen seines Vaters. Ähnlich wie sein Vater hat er ausgezeichnete Stationen in seinem Lebenslauf. Vater und Sohn – eine in der deutschen Spitzengastronomie wohl einzigartige Kombination. Der Ältere vertraut dem Jüngeren und sie inspirieren sich dabei gegenseitig. Jörg Sackmann lässt in seine Arbeit das einfließen, was ihn als Mensch ausmacht: Familienverbundenheit, Heimatliebe und ein offener Blick in die Welt. Das Ergebnis serviert er seinen Gästen mit großer Freude, jeden Tag aufs Neue.

GEBRATENE MAISPOULARDE AUF STEINPILZSALAT

Für 4 Personen | 40 Min. Zubereitung | ca. 15 Min. Garzeit

Rezept von Karlheinz Hauser

ZUTATEN:

FÜR DIE MAISPOULARDE:
4 Zweige Rosmarin
4 Zweige Thymian
4 Maispoulardenbrustfilets
Salz • Pfeffer aus der Mühle
2 EL Öl

FÜR DEN STEINPILZSALAT:
600 g Steinpilze
20 Cocktailtomaten (gelb und rot)
1 Bund Frühlingszwiebeln
5 Stiele Petersilie
1 Schalotte
1 Knoblauchzehe
100 g gemischte Blattsalate
50 g Wildkräutersalat
60 ml Olivenöl
2 EL Champagneressig
50 ml Geflügeljus (aus dem Glas)
Salz • Pfeffer aus der Mühle
Zucker
50 g Pinienkerne
Zitronensaft

1. Für die Maispoularde Backofen auf 180 °C vorheizen. Rosmarin und Thymian waschen und trocken schütteln. Die Maispoulardenfilets eventuell von Fett und Sehnen befreien, mit Salz und Pfeffer würzen und in einer Pfanne im Öl rundum anbraten. Die Kräuter dazugeben und mitbraten.

2. Das Fleisch mit den Kräutern in eine Auflaufform legen und im Ofen auf der mittleren Schiene 8 bis 10 Minuten garen. Den Ofen ausschalten und die Poulardenfilets bei geöffneter Ofentür etwa 5 Minuten ruhen lassen.

3. Für den Salat die Steinpilze mit einem Pinsel putzen und in Viertel schneiden. Die Cocktailtomaten waschen und vierteln, die Frühlingszwiebeln putzen, waschen und in feine Scheiben schneiden. Die Petersilie waschen, trocken schütteln und grob hacken. Schalotte und Knoblauch schälen und beides in feine Würfel schneiden.

4. Die Blattsalate und die Wildkräuter verlesen, waschen und trocken schütteln. Die Hälfte vom Olivenöl mit Champagneressig, Geflügeljus, Salz, Pfeffer und 1 Prise Zucker zu einer Vinaigrette verrühren. Die Salatmischung kurz vor dem Servieren mit der Vinaigrette marinieren.

5. In einer Pfanne das restliche Olivenöl erhitzen und Schalotten, Knoblauch und die Steinpilze darin andünsten. Die Pinienkerne in einer Pfanne ohne Fett anrösten. Tomaten, Frühlingszwiebeln und die gerösteten Pinienkerne sowie die Petersilie zu den Pilzen geben. Mit Salz, Pfeffer und 1 Spritzer Zitronensaft abschmecken. Die Maispoularde in Scheiben schneiden und mit dem Salat und den Pilzen servieren.

ROTE-BETE-TATAR MIT BLUTORANGEN-HOLLANDAISE

Für 4 Personen | 40 Min. Zubereitung | 45 Min. Garzeit

Rezept von Michael Kempf

ZUTATEN:

FÜR DAS TATAR:
800 g kleine Rote Beten
grobes Meersalz
1 tiefgefrorenes Vollkornbrötchen
1 EL Olivenöl

FÜR DAS GEWÜRZKETCHUP:
½ TL Fenchelsamen
½ TL Koriandersamen
½ TL Anissamen
4 Pfefferkörner
4 EL Ketchup
1 EL scharfer Senf

FÜR DIE BLUTORANGEN-HOLLANDAISE:
80 g gesalzene Butter
1 Schalotte
1 Lorbeerblatt
4 Pfefferkörner
2 Wacholderbeeren
100 ml Weißwein
200 ml Wermut
6 frische Eigelb
Saft und Schale von ½ Bio-Blutorange
Salz

ZUM ANRICHTEN:
2 EL Butter
4 Wachteleier
Gartenkresse

1. Den Backofen auf 200 °C vorheizen. Die Roten Beten putzen und waschen. Eine kleine Auflaufform etwa 1 cm hoch mit grobem Meersalz füllen, die Roten Beten hineinsetzen und im Ofen etwa 45 Minuten bissfest garen. Herausnehmen, abkühlen lassen, schälen und durch die grobe Scheibe des Fleischwolfs drehen (oder sehr fein würfeln). Evtl. abtropfen lassen.

2. Die Ofentemperatur auf 160 °C reduzieren. Das Brötchen in sehr dünne Scheiben schneiden und auf einem mit Backpapier belegten Blech verteilen. Mit etwas Olivenöl bepinseln und mit grobem Meersalz bestreuen. Im Ofen goldgelb backen.

3. Für das Gewürzketchup die Gewürze in einer Pfanne anrösten, abkühlen lassen und fein mörsern. Mit Ketchup und Senf verrühren. Das Rote-Bete-Tatar mit dem Gewürzketchup abschmecken.

4. Für die Hollandaise die Butter in einem kleinen Topf zerlassen, bräunen und abkühlen lassen. Die Schalotte schälen und in feine Würfel schneiden. Lorbeerblatt, Pfefferkörner und Wacholderbeeren mörsern und mit Schalottenwürfeln, Wein und Wermut auf 100 ml einkochen. Die Reduktion durch ein feines Sieb passieren und abkühlen lassen.

5. Reduktion, Eigelbe und Blutorangensaft im heißen Wasserbad langsam aufschlagen. Sobald die Masse gut bindet, die abgekühlte braune Butter langsam unterrühren. Die Hollandaise mit Blutorangenschale und Salz abschmecken.

6. Die Butter in einer Pfanne erhitzen und die Wachteleier darin zu Spiegeleiern braten. Das Tatar mithilfe eines Metallringes auf Tellern anrichten. Mit Spiegeleiern und Brotchips servieren, die Hollandaise und etwas Gartenkresse dazu reichen.

BESCHWIPSTER AUFTAKT

Ein prickelnder Schluck vor dem Essen regt den Appetit an und macht Lust auf das Menü. Der Aperitif wird gereicht, bevor die Gäste zu Tisch gehen, um mit dem Glas in der Hand noch ein wenig zu plaudern. Längst ist der Aperitif nicht mehr nur in Frankreich und Italien beliebter Auftakt eines geselligen Dinners. Für ein feines, einstimmendes Gläschen eignen sich leichte Drinks am besten, dabei sind 0,1 l für jeden Gast völlig ausreichend. Zudem sollten Süße und Temperatur des Getränks auf das nachfolgende Essen abgestimmt sein. In diesem Sinne: Cincin!

ROSÉ MIT ROSMARIN-PFIRSICH

½ Pfirsich in Spalten schneiden. 2 Zweige Rosmarin waschen und trocken tupfen.

Die Pfirsichspalten mit dem Rosmarin und ¼ l gekühltem Roséwein in ein Gefäß geben und zugedeckt 1 Stunde im Kühlschrank ziehen lassen. Auf zwei Gläser verteilen und je 1 Spritzer Zitronensaft dazugeben

ROSENAPERO MIT LITSCHI

16 Litschis schälen, dafür die Schale kurz einritzen und mit den Fingern aufbrechen. Die Kerne herauslösen, 2 Litschis beiseitelegen.

Die übrigen Früchte mit 2 getrockneten Rosenblüten, einigen Tropfen Rosenöl, Crushed Ice und 100 ml Grapefruitsaft in einen hohen Rührbecher geben. Mit dem Stabmixer pürieren und in zwei Cocktailgläser füllen.

100 ml Sekt dazugießen und mit je 1 Litschi und nach Belieben mit Rosenblättern garnieren.

GIMLET

5 cl Gin mit 4 cl Limetten- und 1 Spritzer Zitronensaft sowie Eiswürfeln in einem Glas verrühren. In eine vorgekühlte Cocktailschale abseihen.

WACHOLDERCOCKTAIL (LE GENIÈVRE)

10 Wacholderbeeren mit der flachen Seite eines breiten Messers andrücken und mit je 3 Eiswürfeln auf zwei Cocktailgläser verteilen.

8 cl Noilly Prat und 2 cl Grenadine dazugeben und kurz umrühren. Mit eisgekühltem Tonic Water auffüllen. Nach Belieben Himbeeren dazugeben und mit Minzeblättern garnieren.

GEMÜSEVARIATIONEN MIT VOLLKORNBROTBRÖSELN

Für 4 Personen | 45 Min. Zubereitung | ca. 10 Min. Garzeit

Rezept von Karlheinz Hauser

ZUTATEN:
2 Scheiben Roggenvollkornbrot
2 Knollen Ringelbete (rot-weiß geringelt)
2 Knollen Kohlrabi
4 Möhren
10 g Ingwer
30 ml Mirin (Reiswein, aus dem Asialaden)
30 ml Reisessig (aus dem Asialaden)
1 Sternanis
1 Lorbeerblatt
5 Senfkörner
Salz
Zucker
12 Stangen grüner Minispargel
8 Radieschen
3 EL Sonnenblumenöl
1 EL Walnussöl
ca. 100 ml Olivenöl
3 EL Champagneressig
1 TL Dijon-Senf
1 TL Honig
2 Bund Kräuter (Petersilie, Basilikum, Schnittlauch, Sauerampfer)
Pfeffer aus der Mühle
Zitronensaft
150 g körniger Frischkäse
250 g Joghurt aus Schafsmilch
½ Bund Kerbel

1. Den Backofen auf 70 °C vorheizen. Die Brotscheiben auf einem Backblech im Ofen etwa 10 Minuten knusprig trocknen.

2. Ringelbete, Kohlrabi und Möhren schälen. Möhren in etwa 5 cm lange, feine Stifte, das übrige Gemüse in Spalten schneiden. Den Ingwer schälen und grob schneiden. In einem Topf 200 ml Wasser mit Mirin, Reisessig, Sternanis, Lorbeerblatt, Senf, Salz und 1 Prise Zucker aufkochen. Ringelbete, Kohlrabi und Möhren hineinlegen, den Topf vom Herd nehmen und das Gemüse darin etwa 10 Minuten ziehen lassen.

3. Den Spargel waschen und evtl. die holzigen Enden abschneiden. Die Radieschen putzen und waschen.

4. Für die Vinaigrette Sonnenblumen-, Walnuss- und 1 EL Olivenöl mit Essig, Senf und Honig verquirlen und mit Salz würzen. Radieschen und Spargel damit marinieren. Die Kräuter waschen und trocken schütteln, grob schneiden und mit etwa 80 ml Olivenöl im Mixer fein pürieren. Das Pesto mit Salz, Pfeffer und 1 Spritzer Zitronensaft abschmecken.

5. Frischkäse und Joghurt verrühren und mit Salz und 1 Prise Zucker abschmecken. Das Brot aus dem Ofen nehmen und mit den Händen zerbröseln. Den Kerbel waschen, trocken schütteln und die Blätter abzupfen.

6. Das Wurzelgemüse aus dem Sud heben und abtropfen lassen. Die Frischkäsemischung auf Teller verteilen, mit etwas Pesto beträufeln und das abgetropfte Gemüse, Spargel und Radieschen darauf anrichten. Mit den Brotbröseln bestreuen, nochmals etwas Pesto darüberträufeln und die Gemüsevariationen mit einigen Kerbelblättern garniert servieren.

POCHIERTES EI MIT GEMÜSE-SALAT UND BASILIKUMSCHAUM

Für 4 Personen | 40 Min. Zubereitung | ca. 6 Min. Garzeit

Rezept von Michael Kempf

ZUTATEN:

FÜR DEN SALAT:
100 g frische Erbsen
Salz
400 g grüner Spargel
2 EL Öl
Zucker
2 Schalotten
2 EL Weißweinessig
2 Stiele Sauerampfer
2 Stiele Minze
Pfeffer aus der Mühle

FÜR BASILIKUMSCHAUM UND EIER:
2 Schalotten
1 Lorbeerblatt
100 ml Rieslingsekt
300 ml Spargelfond (oder Gemüsebrühe)
100 g Sahne
Meersalz • Pfeffer aus der Mühle
½ Bund Basilikum
1 EL grober Senf (z. B. Moutarde de Meaux)
½ TL Lecithinpulver (pflanzlicher Emulgator; z. B. aus dem Reformhaus)
50 ml Weißweinessig
4 Eier
brauner Zucker
Szechuanpfeffer
4 Stiele Blutampfer (oder Sauerklee) zum Dekorieren

1. Die Erbsen in Salzwasser kurz blanchieren, kalt abschrecken und gut abtropfen lassen. Den Spargel waschen, im unteren Drittel schälen und die holzigen Enden abschneiden. Den Spargel in feine Scheiben schneiden. Im Öl kurz anbraten, mit Salz und 1 Prise Zucker würzen und in eine Schüssel umfüllen.

2. Die Schalotten schälen und in feine Würfel schneiden. Mit dem Essig kurz aufkochen und zum Spargel geben. Die Kräuter waschen, trocken schütteln und fein schneiden. Kräuter mit den Erbsen ebenfalls unter den Spargel mischen und mit Salz und Pfeffer abschmecken.

3. Für den Schaum die Schalotten schälen und in feine Würfel schneiden. Mit Lorbeerblatt, Sekt und Spargelfond aufkochen, um zwei Drittel reduzieren und durch ein feines Sieb passieren. Die Sahne unterrühren und mit Meersalz und Pfeffer abschmecken. Das Basilikum waschen, trocken schütteln und die Blätter abzupfen. Basilikum, Senf und Lecithinpulver in die Sauce geben und alles mit dem Stabmixer fein pürieren. Die Sauce nochmals passieren und warm halten.

4. Den Essig mit etwa 2 l Wasser aufkochen. Die Temperatur reduzieren, sodass das Wasser kurz unter dem Siedepunkt bleibt. Die Eier einzeln in Tassen aufschlagen und nacheinander vorsichtig ins Wasser gleiten lassen. Die Eier 4 bis 6 Minuten pochieren, herausheben und gut abtropfen lassen. Die Eier jeweils mit etwas braunem Zucker bestreuen und mit dem Gourmet-Flambierbrenner kurz karamellisieren.

5. Den Salat auf Teller verteilen und die Eier daraufsetzen. Mit Meersalz und Szechuanpfeffer würzen, den Blutampfer darauflegen. Die Basilikumsauce aufschäumen und angießen.

GEBRATENE PORTOBELLO-PILZE MIT SAUCE VIERGE

Für 4 Personen | 50 Min. Zubereitung | ca. 10 Min. Garzeit

Rezept von Martina Kömpel

ZUTATEN:

4 Portobello-Pilze
(Riesenchampignons)
2 Eier
Salz • Pfeffer aus der Mühle
100 g Mehl
200 g Weißbrotbrösel
2 Tomaten
½ Bio-Zitrone
1 Knoblauchzehe
10 g Ingwer
1 Schalotte
1 Selleriestaude
½ Bund Schnittlauch
250 ml Sonnenblumenöl
1 Handvoll Portulak
(oder Senfblätter)
500 g Topinambur
50 g geröstete Haselnusskerne
1 EL Haselnussöl

1. Die Pilze putzen und, falls nötig, trocken abreiben. Die Eier in einem tiefen Teller verquirlen und mit etwas Salz und Pfeffer würzen. Die Pilze panieren: dafür erst in Mehl wenden (überschüssiges Mehl abklopfen), durch das verquirlte Ei ziehen und in den Weißbrotbröseln wenden. Panierte Pilze beiseitestellen.

2. Für die Sauce Vierge Tomaten kreuzweise einritzen, mit kochendem Wasser überbrühen, häuten, vierteln, entkernen und fein würfeln. Zitrone heiß waschen, trocken reiben und die Schale abreiben. Knoblauch, Ingwer und Schalotte schälen und in feine Würfel schneiden.

3. Den Sellerie putzen und waschen. 1 Stange in sehr feine Würfel schneiden, den Rest entsaften. Den Schnittlauch waschen, trocken schütteln und in feine Röllchen schneiden. Selleriesaft mit Tomaten, Ingwer, Knoblauch, Schalotte und Selleriewürfeln mischen, Zitronenschale und Schnittlauch hinzufügen und mit Salz und Pfeffer würzen. 4 EL Sonnenblumenöl vorsichtig unterrühren und bis zum Servieren beiseitestellen.

4. Den Portulak waschen und trocken schütteln. Topinambur putzen, schälen und in sehr dünne Scheiben schneiden. Die Topinamburscheiben in 3 EL Sonnenblumenöl wie Bratkartoffeln braten, mit Salz und Pfeffer würzen. In einem tiefen Topf das restliche Sonnenblumenöl erhitzen und die panierten Pilze darin goldbraun ausbacken.

5. Die Topinamburscheiben auf Teller verteilen, den panierten Pilz jeweils umgekehrt darauflegen und den Portulak in den Pilz drapieren. Die Sauce Vierge rundum auf den Teller gießen. Die gerösteten Haselnüsse darüberstreuen, mit ein paar Tropfen Haselnussöl beträufeln und servieren.

VINCENT KLINK – DER VIRTUOSE IN DER KÜCHE

Seit vielen Jahren beherrscht Vincent Klink meisterhaft, was ein Festmahl erfordert: von der Tischordnung über die Auswahl der Speisen bis hin zur hohen Kunst der Konversation.

Steckbrief
Geboren: 1949 in Gießen
Beruf: Chef de Cuisine und Lebenskünstler
Motto: Schnörkellos und echt
Restaurant: Gourmet-Restaurant Wielandshöhe, Stuttgart
Auszeichnungen: u.a. 1 Stern im Guide Michelin

Kulinarischer Botschafter

Vincent Klink wird im Mai 2014 vom Land Baden-Württemberg für seine Verdienste als kulinarischer Botschafter mit dem Verdienstorden ausgezeichnet. Nach dem Festakt fährt Vincent Klink zurück in sein Restaurant Wielandshöhe in Stuttgart-Degerloch, marschiert schnurstracks in die Küche und gibt die Auszeichnung weiter, an seine zehn Köche und die Mitarbeiter im Service. Der Orden hängt nun an einem Nagel an der Tür zwischen Küche und Restaurant. Wenn Vincent Klink also sagt, es gehe ihm erst dann gut, wenn es seinen Mitarbeitern gut geht, kann man ihn beim Wort nehmen.

Kochen statt Kunst

Koch zu werden war ursprünglich nicht sein Plan für die Zukunft. Wäre nicht sein Vater gewesen, der ihn 1966 statt auf die Kunsthochschule zu Meisterkoch Walter Haas in die Lehre schickte, wäre sein Leben gänzlich anders verlaufen – Talent aber hat Vincent Klink für beides, für die Kunst und für das Kochen. Seine strenge Lehrzeit im Restaurant Waidhof in Inzlingen bezeichnet Vincent Klink selbst als gute Vorbereitung auf die Arbeit in der Grande Cuisine, erst von 1971 bis 1972 im Restaurant Adler von Rudolf Katzenberger in Rastatt, dann im Restaurant Humplmayr in München. 1974 bestand er die Meisterprüfung und sein Vater bot ihm an, in Schwäbisch Gmünd ein Restaurant zu übernehmen, das sich im Familienbesitz befand. Zusammen mit seiner Frau Elisabeth eröffnete er als 25-Jähriger dort das Postillion, vier Jahre später wurde es mit einem Michelin-Stern ausgezeichnet, den Vincent Klink bis heute hält. Anfang der 90er-Jahre entschied das Ehepaar Klink, vom schwäbischen Umland in die Landeshauptstadt Stuttgart umzusiedeln und eröffnete 1991 das Restaurant Wielandshöhe.

An der alten Weinsteige gelegen, mit herrlich freiem Blick hinunter auf die Stadt. Hier oben auf der Wielandshöhe findet Klink nicht nur die Küche als kreative Wirkungsstätte, auch sein Musikraum, seine Schreibstube und sein Garten bieten ihm den nötigen Raum für Inspiration und Kreativität.

„Als Koch fühle ich mich dem Unmanipulierten und Naturreinen zutiefst verpflichtet."

Virtuos und fest mit seiner Heimat verwurzelt
Vincent Klink ist ein Mensch mit vielen Talenten. Und er ist ein Schwabe mit Leib und Seele: bodenständig, gesellig, sehr genießerisch und nie so ganz mit etwas zufrieden. Er liebt seine Heimat und all das, was der schwäbische Boden hervorbringt. Er zaubert unter dieser Voraussetzung Menüs auf die Teller seiner Gäste, die er entwickelt wie ein Jazztrompeter sein Solo: Das Grundmotiv steht fest, alles Übrige entsteht in der freien Variation. So wird jedes Geschmackserlebnis in seinen feinen Nuancen einzigartig. Seine Gäste bewirtet Vincent Klink gerne auf seine herzliche und unkomplizierte Art. Ihn interessieren die Menschen, die zu ihm kommen. Ihnen begegnet er offen und empathisch im Gastraum, und wenn er durch die Verbindungstür die Küche betritt, hat er immer ein offenes Ohr für die Anliegen seiner Mitarbeiter. So viel Gesprächsbereitschaft kostet Kraft. Zum Auftanken zieht sich Vincent Klink deshalb regelmäßig zurück und widmet sich dem Schreiben und seinen Aufgaben als Verleger. Außerdem spielt er Gitarre, Bassflügelhorn oder zeichnet und malt. Er pflegt seinen Kräutergarten mit viel Liebe und mäht mit der Sense. Wenn ihm dabei kalt wird, macht er sich auf den Weg zurück in die Küche und bestellt dort eine Maultaschensuppe: Eine Maultasche am Tag gehört für ihn einfach mit dazu.

GANZ PRIVAT

WAS BEDEUTET ES IHNEN, DASS IHR RESTAURANT MIT EINEM STERN AUSGEZEICHNET IST?

„Um Sterne kümmere ich mich nicht. Ich koche recht rustikal, nicht für den Stern, sondern für mich und meine Gäste. Dass ich trotzdem immer wieder einen Stern bekomme, freut mich aber schon ..."

KÄSESOUFFLÉ MIT PFANNEN-TOMATEN

Für 2 Personen | 30 Min. Zubereitung
15 Min. Garzeit

Rezept von Vincent Klink

ZUTATEN:
Butter für die Förmchen
120 g Schichtkäse
20 g Parmesan (am Stück)
2 Zweige Thymian
2 Eier
Salz • Pfeffer aus der Mühle
4 Tomaten
2 Frühlingszwiebeln
3 Stiele Basilikum
2 EL Olivenöl
Zucker
Apfelessig

1. Den Backofen auf 180 °C vorheizen. Zwei Souffléförmchen (etwa 12 cm Ø) mit Butter einfetten.

2. Den Schichtkäse gut auspressen, den Parmesan fein reiben. Thymian waschen, trocken schütteln, die Blätter abzupfen und fein hacken. Die Eier trennen und das Eiweiß aufschlagen. Den Schichtkäse mit Parmesan, Eigelben und Thymian gut verrühren, mit Salz und Pfeffer würzen und den Eischnee vorsichtig unterheben. Die Masse in die vorbereiteten Förmchen einfüllen und im Ofen auf der mittleren Schiene etwa 15 Minuten backen. Die Masse darf nicht höher als 1 cm steigen, sollte sie höher aufbacken, die Ofentür öffnen, das Soufflé noch 5 Minuten ziehen lassen.

3. In der Zwischenzeit die Tomaten waschen und achteln, dabei die Stielansätze entfernen. Die Frühlingszwiebeln putzen, waschen und in etwa 3 cm lange Stücke schneiden. Das Basilikum waschen, trocken schütteln und die Blätter abzupfen. In einer Pfanne das Olivenöl erhitzen und Tomaten und Frühlingszwiebeln darin bei starker Hitze 3 bis 5 Minuten braten. Mit Salz, Pfeffer, 1 Prise Zucker und 1 Spritzer Essig würzen. Zuletzt die Basilikumblätter untermischen.

4. Die Pfannentomaten mit dem Käsesoufflé auf Tellern anrichten und sofort servieren.

BIRNEN-TALEGGIO-TARTE

Für 4 Personen | 45 Min. Zubereitung
ca. 25 Min. Garzeit
Rezept von Vincent Klink

ZUTATEN:
200 g Blätterteig (aus dem Kühlregal)
Mehl
Butter für die Form
1 Zwiebel
80 g geräucherter Bauchspeck
2–3 Birnen (z. B. Gute Luise oder Williams Christ)
1–2 EL Zucker
1 EL Butter
250 ml Weißwein
150 g Taleggio (ital. Weichkäse)
2 Stiele Liebstöckel
Pfeffer aus der Mühle

1. Den Backofen auf 180 °C vorheizen. Den Blätterteig auf wenig Mehl dünn ausrollen. Eine Tarteform (26 cm Ø) mit Butter einfetten und mit dem Teig auslegen (dabei keinen Rand hochziehen). Den Teig mit einer Gabel mehrfach einstechen und im Ofen auf der mittleren Schiene 10 bis 15 Minuten vorbacken.

2. Die Zwiebel schälen. Zwiebel und Speck in feine Würfel schneiden. Die Birnen schälen, vierteln, entkernen und in 1 cm dicke Spalten schneiden. Den Zucker in einer Pfanne karamellisieren und die Butter einrühren. Zwiebelwürfel und Speck dazugeben und darin andünsten. Die Mischung mit dem Wein ablöschen und aufkochen. Die Birnenspalten in den Sud legen, die Pfanne vom Herd nehmen und die Birnen darin kurz ziehen lassen.

3. Den Teigboden aus der Form nehmen und waagerecht durchschneiden. Den oberen Boden umgedreht auf den unteren Boden legen und wieder in die Form drücken. Die Birnen aus dem Sud heben und fächerförmig auf dem Teig verteilen. Vom Käse die Rinde entfernen, in Scheiben schneiden und auf der Tarte verteilen. Die Tarte etwa 8 Minuten im Ofen auf der mittleren Schiene backen, bis der Käse geschmolzen ist.

4. Inzwischen das Liebstöckel waschen und trocken schütteln. Die Blätter abzupfen und fein schneiden. Den Specksud aus der Pfanne über die Tarte träufeln. Die Birnen-Taleggio-Tarte mit etwas Pfeffer und dem Liebstöckel bestreuen, in Stücke schneiden und servieren.

GEMÜSECURRY MIT MÖHREN-LIMETTEN-SCHAUM

Für 4 Personen | 50 Min. Zubereitung | ca. 12 Std. Einweichzeit | ca. 30 Min. Garzeit

Rezept von Michael Kempf

ZUTATEN:

200 g Berglinsen
400 g Möhren (mit Grün)
3 Schalotten
1 Knoblauchzehe
2 EL Butter
1 TL mildes Currypulver
1 TL Tomatenmark
300 ml Möhrensaft
1 Bio-Limette
½ TL Lecithinpulver (pflanzlicher Emulgator; z. B. aus dem Reformhaus)
Salz
200 g Staudensellerie
100 ml ungesüßte Kokosmilch (aus der Dose)
10 g frisch geriebener Ingwer
3 Stiele Koriander
1 EL Leinsamen

1. Die Linsen über Nacht in kaltem Wasser einweichen.

2. Am nächsten Tag die Möhren putzen und schälen. Das Grün gründlich waschen und trocken schütteln. Die Möhren in etwa 5 mm feine Würfel schneiden. Schalotten und Knoblauch schälen, ebenfalls fein würfeln und in der Butter andünsten.

3. Die Linsen in ein Sieb abgießen und gut abtropfen lassen, dabei das Einweichwasser auffangen. Linsen und Möhrenwürfel kurz mit anbraten. Das Currypulver darüberstäuben, das Tomatenmark einrühren, kurz mit anbraten und mit etwas Linsen-Einweichwasser ablöschen. Linsen und Möhren etwa 15 Minuten weich garen, falls nötig noch etwas Linsenwasser dazugeben.

4. Den Möhrensaft in einem Topf um die Hälfte reduzieren. Die Limette heiß waschen und trocken reiben, die Schale abreiben und den Saft auspressen. Die Hälfte von Limettensaft und -schale mit dem Lecithinpulver und dem reduzierten Möhrensaft gut vermischen. Mit Salz abschmecken und mit dem Stabmixer aufschäumen.

5. Den Sellerie putzen, waschen und in feine Würfel schneiden. Selleriewürfel zu den Linsen und den Möhren in den Topf geben und etwa 15 Minuten bissfest garen. Die Kokosmilch dazugießen und das Curry mit dem restlichen Limettensaft, -schale und dem Ingwer abschmecken. Den Koriander waschen und trocken tupfen, die Blätter abzupfen und fein schneiden. Kurz vor dem Servieren unter das Curry rühren.

6. Das Curry in vorgewärmten tiefen Tellern anrichten und mit Leinsamen und Möhrengrün garnieren. Den Möhren-Limetten-Schaum über das Curry träufeln und servieren. Dazu passen Papadams (indische Fladen aus Linsenmehl).

KÜRBISSAMTSUPPE MIT GEBRATENER JAKOBSMUSCHEL

Für 4 Personen | 30 Min. Zubereitung | ca. 30 Min. Garzeit

Rezept von Karlheinz Hauser

ZUTATEN:

450 g Muskatkürbis
3 Schalotten
ca. 70 ml Olivenöl
½ TL Currypulver
300 ml weißer Portwein
1 l Geflügelfond (aus dem Glas)
Meersalz
Zucker
½ Bund glatte Petersilie
20 g Parmesan (am Stück)
150 g Sahne
4 Jakobsmuscheln
Pfeffer aus der Mühle

1. Den Kürbis vierteln, schälen und die Kerne mit einem Löffel entfernen. Das Kürbisfleisch in Würfel schneiden. Die Schalotten schälen und in grobe Würfel schneiden. In einem Topf 2 EL Olivenöl erhitzen und die Schalotten darin andünsten. Das Currypulver hinzufügen und kurz mitdünsten. Den Portwein dazugießen und um etwas mehr als die Hälfte reduzieren.

2. Die Kürbiswürfel und den Geflügelfond mit in den Topf geben, mit Salz und 1 Prise Zucker würzen und die Suppe etwa 30 Minuten köcheln lassen, bis der Kürbis weich ist.

3. In der Zwischenzeit die Petersilie waschen und trocken schütteln, die Blätter abzupfen und grob schneiden. Den Parmesan reiben, mit der Petersilie, 40 ml Olivenöl und 1 Prise Meersalz in einen hohen Rührbecher geben und mit dem Stabmixer fein pürieren. Mit etwas Meersalz abschmecken und evtl. noch etwas Olivenöl hinzufügen.

4. Den weich gekochten Suppenansatz mit der Sahne auffüllen und mit dem Stabmixer zu einer feinen Suppe pürieren. Die Suppe durch ein Sieb passieren und warm halten.

5. In einer Pfanne das restliche Olivenöl erhitzen und die Jakobsmuscheln darin bei mittlerer Hitze auf jeder Seite etwa 3 Minuten garen. Mit Salz und etwas Pfeffer würzen.

6. Die Suppe in tiefen Tellern anrichten. Die Jakobsmuscheln jeweils in die Tellermitte setzen, das Petersilienpesto darüberträufeln und servieren.

LACHS-MEDAILLONS MIT APFEL

Für 2 Personen | 30 Min. Zubereitung
ca.10 Min. Garzeit

Rezept von Jörg Sackmann

ZUTATEN: 1 Blatt Gelatine • ½ Apfel • 2 EL Butter • 1 TL Limettensaft • 2 EL saure Sahne • 1 Msp. geriebener Meerrettich (aus dem Glas) • 1 EL Schnittlauchröllchen Salz • Cayennepfeffer • 300 g Lachsfilet (ohne Haut) 2 EL Apfelessig • 1 EL Balsamico bianco • 5 EL Olivenöl Zucker • 3 EL Croûtons • Feldsalat zum Garnieren

---

1. Die Gelatine in kaltem Wasser einweichen. Den Apfel schälen, entkernen und in 2 mm feine Würfel schneiden. In 1 EL Butter andünsten, den Limettensaft einrühren und die Mischung abkühlen lassen.

2. Die Gelatine gut ausdrücken, in einem Topf mit 1 EL Wasser erwärmen und darin auflösen. Die Gelatine unter die saure Sahne rühren, Apfelwürfel, Meerrettich und Schnittlauch untermischen und mit Salz und Cayennepfeffer würzen.

3. Den Backofen auf 75 °C vorheizen. Den Lachs in möglichst große, dünne Scheiben schneiden. Die Hälfte der Lachsscheiben mit der Apfelmasse belegen, mit dem restlichen Lachs bedecken und leicht andrücken. Mit einem Ausstecher (5 cm Ø) Medaillons ausstechen und in einer ofenfesten Form im Ofen auf der mittleren Schiene etwa 4 Minuten garen.

4. Beide Essigsorten mit Olivenöl, Salz, Cayennepfeffer und 1 Prise Zucker verrühren. Den Lachs mit etwas Vinaigrette, Croûtons und Feldsalat garniert servieren.

GEBRATENES RINDERTATAR MIT GURKENSALAT UND AVOCADO

Für 4 Personen | 45 Min. Zubereitung | ca. 5 Min. Garzeit | 10 Min. Ziehzeit

Rezept von Michael Kempf

FÜR DEN GURKENSALAT:
1 Salatgurke
Salz
1 Schalotte
je 2 Stiele Dill und Koriander
Saft und Schale von
1 Bio-Limette
1 EL Rapsöl
1 EL Estragonessig
1 EL Naturjoghurt

FÜR DAS RINDERTATAR:
400 g Rinderoberschale (oder Rinderfilet)
2 Schalotten
1 Knoblauchzehe
3 Sardellenfilets (in Salz eingelegt)
1 TL Kapern
3 EL Ketchup
1 EL körniger Senf
etwas Cayennepfeffer
1 reife Avocado
1 EL Olivenöl
Salz
Saft und Schale von
1 Bio-Limette
Pfeffer aus der Mühle
4 Wachteleier
1 TL Butter

1. Für den Salat die Gurke schälen, in kleine Würfel schneiden und kräftig mit Salz würzen. Die Gurkenwürfel auf ein Küchentuch geben und etwa 10 Minuten ziehen lassen.

2. Die Schalotte schälen und in sehr feine Würfel schneiden. Die Kräuter waschen, trocken schütteln und fein hacken. In einer Schüssel etwas Limettenschale und -saft, Rapsöl, Essig, Joghurt, Kräuter und Schalottenwürfel verrühren und abschmecken. Die Gurkenwürfel unterrühren und marinieren.

3. Für das Rindertatar das Fleisch, falls nötig, von Fett und Sehnen befreien, in sehr feine Würfel schneiden oder durch die grobe Scheibe des Fleischwolfs drehen. Schalotten und Knoblauch schälen und fein würfeln. Die Sardellen waschen, abtropfen lassen und sehr fein hacken. Die Kapern mit Schalotten, Knoblauch, Sardellen, Ketchup und Senf verrühren und abschmecken. Das Fleisch in einer Schüssel mit der Marinade mischen. Die Tatarmasse in vier runde Metallringe (etwa 10 cm Ø) verteilen und flach drücken.

4. Die Avocado halbieren und den Stein entfernen. Die Avocadohälften schälen und das Fruchtfleisch in 12 Spalten schneiden. Die Spalten mit einem Gourmet-Flambierbrenner abflämmen und in einer Schüssel mit 1 EL Olivenöl, etwas Salz, Limettenschale,-saft und Pfeffer marinieren. Die Wachteleier in einer Pfanne in der Butter zu Spiegeleiern braten.

5. In einer Pfanne ohne Fett die Tatarscheiben auf einer Seite bei starker Hitze kurz anbraten und herausnehmen. Jedes Tatar mit jeweils 3 Avocadospalten, dem Gurkensalat und 1 Wachtelspiegelei anrichten und servieren.

CARPACCIO VOM RINDERFILET MIT GEWÜRZPFLAUMENGELEE

Für 4 Personen | 45 Min. Zubereitung | 10 Min. Einweichzeit | ca. 2 Std. Kühlzeit

Rezept von Jörg Sackmann

FÜR DAS GEWÜRZPFLAUMENGELEE:
60 ml Aceto balsamico
100 ml weißer Portwein
200 ml Pflaumenwein
1 Sternanis
2 Gewürznelken
6 schwarze Pfefferkörner
1 Zweig Thymian
2 Lorbeerblätter
1 TL Earl-Grey-Teeblätter
6 getrocknete Pflaumen
4 Blatt Gelatine

FÜR DAS TOPINAMBURPÜREE:
500 g Topinambur
250 ml Geflügelbrühe (instant)
100 g Sahne
Salz • weißer Pfeffer aus der Mühle

FÜR DEN SALAT:
50 g Feldsalat
3 EL Aceto balsamico
3 EL Olivenöl
1 EL Pflaumensaft (oder Apfelsaft)
Salz • Pfeffer aus der Mühle

FÜR DAS CARPACCIO:
40 g milder Blauschimmelkäse
180 g Rinderfilet
Meersalz • Pfeffer aus der Mühle
ca. 3 EL Olivenöl

1. Für das Gewürzpflaumengelee den Essig in einem Topf fast vollständig reduzieren. Den Port- und den Pflaumenwein angießen. Die Gewürze und die Pfefferkörner fein zerstoßen und mit Thymian, Lorbeerblättern, Teeblättern und den Pflaumen in die Flüssigkeit geben. Die Mischung auf etwa 200 ml einkochen.

2. Die Gelatine in kaltem Wasser 10 Minuten einweichen. Den Gewürzsud passieren, die Pflaumen beiseitestellen. Die Gelatine gut ausdrücken und im heißen Sud unter Rühren auflösen. Den Gewürzsud in einen tiefen Teller gießen und kühl gestellt fest werden lassen.

3. Für das Püree Topinambur putzen, schälen und in Stücke schneiden. Brühe aufkochen und die Topinamburstücke darin bissfest garen. Den Fond abgießen, die Sahne zum Topinambur in den Topf geben und aufkochen lassen. Mit dem Stabmixer fein pürieren und mit Salz und Pfeffer abschmecken.

4. Für den Salat den Feldsalat verlesen, waschen und trocken schleudern. Essig, Olivenöl und Saft zu einer Vinaigrette verrühren und mit Salz und Pfeffer abschmecken. Den Salat kurz vor dem Servieren mit der Vinaigrette marinieren. Das Gewürzpflaumengelee stürzen und in kleine Würfel schneiden. Die Gewürzpflaumen vierteln.

5. Für das Carpaccio den Käse fein würfeln. Das Rinderfilet ggf. von Fett und Sehnen befreien, eventuell leicht anfrieren, und in hauchdünne Scheiben schneiden. Die Filetscheiben leicht plattieren, auf vier Teller verteilen und mit Meersalz, Pfeffer und Olivenöl marinieren. Geleewürfel, Gewürzpflaumen und Käsewürfel auf dem Fleisch verteilen. In die Tellermitte jeweils etwas marinierten Feldsalat geben und das Topinamburpüree in Nocken dazu servieren.

FLEISCH-GERICHTE

Ein Hochgenuss für Gourmets. Ob aus Pfanne, Topf oder Ofen, qualitativ hochwertiges Fleisch lässt sich variantenreich zu köstlichen Gerichten verarbeiten.

KALBSSTEAK MIT SPARGELSOUFFLÉ

Für 4 Personen | 45 Min. Zubereitung | 15 Min. Garzeit

Rezept von Vincent Klink

FÜR DIE SPARGELSOUFFLÉS:

500 g weißer Spargel
Salz
Zucker
1 EL Butter
½ Bund Kerbel
2 Eier
200 g Schichtkäse
Pfeffer aus der Mühle
Butter für die Förmchen

FÜR STEAKS UND SAUCE:

3 Schalotten
2 EL Olivenöl
Meersalz • Pfeffer aus der Mühle
2 EL Himbeeressig
100 ml Portwein
2 Zweige Thymian
1 Lorbeerblatt
4 Kalbsrückensteaks (à 150 g)
150 ml Rotwein
2 TL grüner Pfeffer (aus dem Glas)
1 EL kalte Butter

1. Für die Spargelsoufflés den Backofen auf 180 °C vorheizen. Den Spargel waschen, schälen und die holzigen Enden abschneiden. In reichlich Salzwasser mit 1 Prise Zucker und der Butter etwa 7 Minuten bissfest garen. Den Spargel kalt abschrecken und in etwa 1 cm große Stücke schneiden. Auf Küchenpapier gut trocknen lassen und leicht mit Salz würzen.

2. Den Kerbel waschen, trocken tupfen und die Blätter fein hacken. Die Eier trennen und die Eiweiße steif schlagen. In einer Schüssel Schichtkäse, Eigelbe und Kerbel verrühren, die Spargelstücke untermischen und mit Salz und Pfeffer würzen. Den Eischnee vorsichtig unterheben. Vier Souffléförmchen (ca. 10 cm Durchmesser) mit Butter einfetten und die Spargelmasse gleichmäßig darin verteilen. Die Spargelsoufflés im Ofen auf der mittleren Schiene etwa 15 Minuten backen.

3. Währenddessen die Schalotten schälen, in feine Würfel schneiden und in 1 EL Olivenöl andünsten. Mit Meersalz und Pfeffer würzen und mit Essig und Portwein ablöschen. Den Thymian waschen, trocken tupfen und mit dem Lorbeerblatt dazugeben. Die Flüssigkeit sämig einkochen.

4. Die Steaks mit Salz und Pfeffer würzen. Im restlichen Olivenöl auf jeder Seiten bei mittlerer Hitze etwa 4 Minuten braten. Herausnehmen und in Alufolie gewickelt etwa 5 Minuten ruhen lassen. Den Bratensatz mit dem Rotwein ablöschen. Die Schalottensauce und den grünen Pfeffer dazugeben. Das Lorbeerblatt und den Thymian entfernen. Die Sauce aufkochen. Den aus den Steaks ausgetretenen Bratensaft dazugeben und die Sauce mit der kalten Butter binden.

5. Die Soufflés vorsichtig stürzen. Die Steaks mit den Spargelsoufflés und der Sauce auf Tellern anrichten. Sofort servieren.

KALBSKOTELETT MIT WÜRZBUTTER-SAUCE

Für 4 Personen | 45 Min. Zubereitung | 24 Std. Ziehzeit | 25 Min. Garzeit

Rezept von Karlheinz Hauser

FÜR DIE WÜRZBUTTER:
1 Bund gemischte Kräuter (z. B. Petersilie, Schnittlauch, Estragon, Majoran, Thymian, Dill)
3 Kapern (aus dem Glas)
125 g weiche Butter
Salz
je 1 Prise Cayennepfeffer, Paprika-, Curry- und Knoblauchpulver
1 Msp. Senf
1 TL Tomatenketchup
1 TL Sardellenpaste
1 TL Zitronensaft
je 1 Spritzer Worcestersauce, Weinbrand und Madeira (port. Likörwein)
1 Msp. Bio-Orangenschale

FÜR DIE OFENKARTOFFELN:
400 g kleine Kartoffeln (z. B. Drillinge)
2 EL Olivenöl
je 2 Zweige Rosmarin und Thymian
2 Knoblauchzehen
Salz • Pfeffer aus der Mühle

FÜR DAS FLEISCH:
4 Kalbskoteletts (à 250 g)
Salz • Pfeffer aus der Mühle
2 EL Olivenöl
100 ml Kalbsfond (z. B. aus dem Glas)
2 EL geschlagene Sahne

1. Für die Würzbutter die Kräuter waschen und trocken schütteln, Blätter oder Nadeln abzupfen und fein schneiden. Die Kapern fein hacken und mit den Kräutern unter die weiche Butter rühren. Mit Salz, Cayennepfeffer und den restlichen Zutaten würzen. Die Butter kühl gestellt und zugedeckt etwa 24 Stunden ziehen lassen.

2. Für die Ofenkartoffeln den Backofen auf 165 °C vorheizen. Die Kartoffeln mit der Schale gründlich waschen und längs halbieren. Die Kartoffelhälften in eine Auflaufform legen und mit dem Olivenöl beträufeln. Rosmarin und Thymian waschen, trocken schütteln und auf den Kartoffeln verteilen. Den Knoblauch schälen, in Scheiben schneiden und unter die Kartoffeln mischen. Mit Salz und Pfeffer würzen und im Ofen auf der mittleren Schiene etwa 25 Minuten garen.

3. Für das Fleisch die Koteletts waschen und trocken tupfen, mit Salz und Pfeffer würzen und rundum mit Olivenöl einreiben. Eine Grillpfanne erhitzen und die Koteletts darin bei starker Hitze auf jeder Seiten 2 bis 3 Minuten anbraten. Die Hitze etwas reduzieren und das Fleisch rosa garen.

4. Den Kalbsfond in einem Topf erhitzen und etwa 1 bis 2 TL Würzbutter unterrühren, bis die Sauce gebunden ist. Die geschlagene Sahne unterheben.

5. Die Koteletts mit den Ofenkartoffeln auf Tellern anrichten und mit der Sauce servieren.

Anstatt der Sauce kann auch nur die Würzbutter zum Kotelett gereicht werden.

KALBSFILET IM KRÄUTER-BROT-MANTEL

Für 4 Personen | 40 Min. Zubereitung | ca. 20 Min. Garzeit

Rezept von Karlheinz Hauser

ZUTATEN:
ca. 5–8 Scheiben Toastbrot
1 Hähnchenbrustfilet (ca. 150 g)
ca. 1 kg Kalbsfilet
Salz • Pfeffer aus der Mühle
2 EL Öl
½ Bund glatte Petersilie
½ Bund Kerbel
3 Zweige Thymian
150 g kalte Sahne
1 TL Pastetengewürz
2 EL Olivenöl

1. Von den Toastbrotscheiben die Rinde abschneiden. Das Hähnchenbrustfilet waschen und trocken tupfen, in kleine Würfel schneiden. Hähnchenwürfel und Brotscheiben in das Tiefkühlfach legen. Das Kalbsfilet, falls nötig, von Fett und Sehnen befreien und mit Salz und Pfeffer würzen. Das Öl in einer Pfanne erhitzen und das Fleisch darin rundum scharf anbraten. Aus der Pfanne nehmen und 10 Minuten kühl stellen.

2. Die Kräuter waschen und trocken schütteln, die Blätter abzupfen und fein schneiden. Den Backofen auf 180 °C vorheizen. Das gefrorene Hähnchenfleisch mit der Sahne, etwas Salz, Pfeffer und dem Pastetengewürz im Standmixer oder mit dem Stabmixer zu einer geschmeidigen Farce pürieren. Die Kräuter unter die Farce mischen.

3. Die gefrorenen Brotscheiben waagerecht durchschneiden, sodass jeweils zwei sehr dünne Scheiben entstehen. Die Brotscheiben auf der Arbeitsplatte dicht aneinander zu einem Rechteck auslegen und mit der Farce bestreichen. Das Kalbsfilet darauflegen und gleichmäßig mit den Brotscheiben umwickeln.

4. In einer ofenfesten Pfanne das Olivenöl erhitzen und die fertige Roulade darin gleichmäßig rundum goldbraun anbraten. Die Roulade im Ofen auf der mittleren Schiene 15 bis 20 Minuten rosa garen (dabei die Gartemperatur mit einem Kerntemperaturfühler überprüfen. Die Innentemperatur darf 48 °C nicht übersteigen; sonst ist das Filet nicht mehr rosa und wird trocken). Die Roulade herausnehmen, etwa 5 Minuten ruhen lassen und in etwa 5 cm dicke Scheiben schneiden. Dazu passen Gemüsenudeln aus Zucchini und Karotten (siehe Seite 65).

ENTRECÔTE MIT ESTRAGON-SENF-SAUCE

Für 4 Personen | 30 Min. Zubereitung | ca. 10 Min. Garzeit

Rezept von Martina Kömpel

ZUTATEN:

2 Schalotten
½ Bund Estragon
1 Bund Kerbel
200 g Butter
6 Kapern
6 Anchovisfilets (oder Sardellen)
Pfeffer aus der Mühle
2 Entrecôtes (à ca. 350 g; z.B. vom Simmentaler Rind)
Salz
2 EL Butterschmalz
1 EL Senf
1 Eigelb
1 TL Worcestersauce
1 TL frisch gepresster Zitronensaft (oder Weinessig)
frisch geriebene Muskatnuss

1. Die Schalotten schälen und in feine Würfel schneiden. Estragon und Kerbel waschen und trocken schütteln, die Blätter abzupfen und fein schneiden.

2. In einem Topf 1 EL Butter erhitzen und die Schalotten darin leicht andünsten (sie sollen keinesfalls bräunen). Die restliche Butter hinzufügen und zerlassen. Die fein geschnittenen Kräuter, Kapern, Anchovis und etwas Pfeffer dazugeben und alles mit dem Stabmixer sehr fein pürieren. Den Topf vom Herd ziehen und die Mischung etwas abkühlen lassen.

3. Backofen auf 60 °C vorheizen. Die Entrecôtes rundum mit Salz und Pfeffer würzen. Butterschmalz in einer ofenfesten Pfanne erhitzen. Fleisch darin auf jeder Seite etwa 2 Minuten braten. Dann im Ofen auf der mittleren Schiene 6 Minuten garen, herausnehmen und zugedeckt 5 Minuten ruhen lassen.

4. Eine Schüssel mit Eiswasser bereitstellen. In einem Schlagkessel Senf, Eigelb, Worcestersauce, Zitronensaft und etwas Muskat mit dem Schneebesen aufschlagen. Nach und nach die etwas abgekühlte, aber noch flüssige gewürzte Butter unterrühren. Etwa ein Viertel von der Masse abnehmen und beiseitestellen.

5. Die restliche Masse im Schlagkessel im heißen Wasserbad unter Rühren langsam erhitzen, bis die Sauce eindickt. Dabei auf keinen Fall kochen lassen, denn durch die Hitze „tranchiert" die Sauce. Sobald das passiert, den Schlagkessel ganz kurz in der Schüssel mit Eiswasser abkühlen.

6. Die noch lauwarme Sauce mit dem beiseitegestellten Teil vermischen und mit Salz und Pfeffer abschmecken. Das Fleisch in Streifen schneiden, mit der Sauce auf Tellern anrichten und servieren. Dazu passen Gemüse und Baguette.

KARLHEINZ HAUSER – DER UNTERNEHMER

Die Leidenschaft fürs Kochen hat Karlheinz Hauser dorthin geführt, wo er heute steht. Und ist nach wie vor die Inspirationsquelle, die ihn stets zu Neuem antreibt.

Steckbrief

Geboren: 1967 in Heitersheim
Beruf: Chef de Cuisine und Patron
Motto: Immer etwas besser werden
Restaurant: Seven Seas in Hamburg
Auszeichnungen: u.a. 2 Sterne im Guide Michelin

Vom Land in die Sterneküche

Karlheinz Hauser hat geschafft, wovon viele nicht mal zu träumen wagen: den Sprung vom Koch-Azubi aus einem ländlichen Gasthaus im Schwarzwald hinauf in den Sternehimmel der Gastronomie. Verdanken kann er diese Leistung seinem Ehrgeiz, viel Fleiß und dem klaren Blick auf das Wesentliche: Was er tut, das macht er konzentriert. Egal, ob es ums Zwiebelschneiden geht oder um unternehmerische Entscheidungen. Gelernt hat er auf seinem Weg nach oben von den Besten: am Hotel Königshof in München zum Beispiel und in der legendären Küche von Eckhart Witzigmann im Aubergine. Angekommen ist er glücklich in seinem eigenen Unternehmen in Hamburg, auf dem Süllberg. An diesem malerischen Ort an der Elbe kann Karlheinz Hauser seinen Gästen all das bieten, was er auf seinem Weg an die Spitze gelernt hat. Und wie alles, was er anpackt, tut er auch dies mit großem Erfolg: Sein Gourmet-Restaurant „Seven Seas“ am Süllberg in Hamburg ist seit 2012 stolz mit zwei Michelin-Sternen ausgezeichnet.

„Kochen ist eine kreative, vielfältige Arbeit, mit sofortigem Erfolgserlebnis.“

Zielstrebigkeit und enormer Fleiß

In Karlheinz Hausers Karriere jagt ein Höhepunkt den nächsten, was vor allem daran liegt, dass er immer auf der Suche ist nach dem Nonplusultra: Mittelmäßigkeit hat in seinem Leben keinen Platz. Diesen Anspruch lebt der Koch und Unternehmer ganzheitlich und verlangt dabei vor allem sich selbst ein enormes Arbeitspensum ab. Eine Sache ist ihm dabei allerdings heilig: das gemeinsame Abendessen mit seiner Familie. Seine Frau und seine drei Kinder waren ein maßgeblicher Grund dafür, das Hotel Adlon in Berlin als Küchendirektor und gastronomischer Leiter 2002 zu verlassen und den Süllberg als Pächter zu übernehmen. Hier wohnt seine Familie auf dem Grundstück direkt neben dem Betrieb, ganz in seiner Nähe.

„Das A und O bei einem Festessen ist der richtige Rahmen: die Dekoration, die Inszenierung und natürlich qualitativ hochwertige Produkte."

In der Welt gelernt, am Süllberg zu Hause

Bevor er sein Leben in diese vergleichsweise ruhigen Bahnen lenkte, richtete Hauser von 1992 bis 1994 als Küchenchef für Feinkost Käfer in München Caterings in der ganzen Welt aus. Eine turbulente, inspirierende und arbeitsintensive Zeit, in der er seine organisatorischen und betriebswirtschaftlichen Fähigkeiten erkennen und perfektionieren konnte. Seine Gäste gut zu unterhalten und ihnen das Beste bieten zu können, war von jeher Hausers Antrieb. Diesen Anspruch hat er, bis ins kleinste Detail durchdacht, auf dem Süllberg umgesetzt: Vom Biergarten über Ballsaal, Catering, Fünf-Sterne-Hotel und Gourmet-Restaurant findet hier jeder, was ihm gefällt. Und wird dabei vom Patron Karlheinz Hauser persönlich betreut, denn das ist ihm das Wichtigste. Ein guter Gastgeber zu sein ist eines seiner vielen Talente. Nie stehen zu bleiben und sich immer wieder neu zu erfinden, ein anderes. In allererster Linie macht ihn aber eines aus: Er ist Koch mit Leib und Seele. Deshalb führt er Gäste auch gerne durch seine Küche und zeigt direkt am Ort des Geschehens, auf welche Weise seine Kreationen entstehen. Völlig ohne Vorbehalte, ohne jegliche Geheimniskrämerei und mit ungebrochener und ansteckender Liebe zu seinem Handwerk.

GANZ PRIVAT

WAS SIND IHRE LIEBLINGSGERICHTE, WENN SIE GÄSTE EMPFANGEN?

„Sehr gern serviere ich dann Thunfisch, Steinbutt oder ein gut marmoriertes US Beef am Knochen!"

RINDERFILET MIT GEWÜRZPFLAUMENJUS

Für 4 Personen | 40 Min. Zubereitung | ca. 5 Min. Garzeit

Rezept von Jörg Sackmann

FÜR DIE PFLAUMENJUS:

5 Pimentkörner
5 Pfefferkörner
4 Gewürznelken
8 Wacholderbeeren
1 Sternanis
1 Zimtstange
40 ml Apfelessig
120 ml Rotwein
80 ml Portwein
5 g Earl-Grey-Teeblätter
200 ml Geflügeljus (z. B. aus dem Glas)
1 EL Butter
10 Dörrpflaumen
Salz
Zucker

FÜR DAS FLEISCH:

600 g Rinderfilet
1 Zweig Thymian
1 EL Olivenöl
8 Frühlingszwiebeln
4 EL Butter
Salz • Pfeffer aus der Mühle
2 Scheiben Toastbrot (in Würfeln)

1. Für die Gewürzpflaumenjus die Gewürze in einem Mörser grob zerstoßen und in einem Topf kurz anrösten. Mit dem Essig ablöschen und die beiden Weinsorten dazugießen. Die Flüssigkeit aufkochen und um die Hälfte reduzieren. Den Topf vom Herd nehmen, die Teeblätter in den Sud streuen und 5 Minuten darin ziehen lassen. Den Sud durch ein feines Sieb passieren und zurück in den Topf gießen.

2. Den Sud mit Geflügeljus angießen und aufkochen. Butter in die Sauce rühren und Pflaumen hineingeben. Mit Salz und 1 Prise Zucker abschmecken. Die Pflaumen darin ziehen lassen.

3. Für das Fleisch den Backofen auf 170 °C vorheizen. Das Filet in 4 Medaillons schneiden, diese leicht plattieren und jeweils mit Küchengarn in Form binden. Den Thymian waschen und trocken tupfen. Olivenöl in einer ofenfesten Pfanne erhitzen und die Medaillons darin auf jeder Seite anbraten, dabei den Thymian in die Pfanne legen und mitbraten. Das Fleisch im Ofen auf der mittleren Schiene 4 Minuten rosa garen. Aus dem Ofen nehmen und in Alufolie gewickelt 5 Minuten ruhen lassen.

4. Die Frühlingszwiebeln putzen und waschen. In einer Pfanne 1 EL Butter erhitzen, die Frühlingszwiebeln darin bei schwacher Hitze andünsten und mit Salz und Pfeffer würzen.

5. In einer Pfanne 2 EL Butter erhitzen, die Toastbrotwürfel darin goldbraun braten und mit Salz und Pfeffer würzen.

6. In einer weiteren Pfanne 1 EL Butter erhitzen, die Medaillons darin nochmals kurz nachbraten, mit Salz und Pfeffer würzen und auf Tellern anrichten. Mit der Pflaumenjus beträufeln und mit den Brotwürfeln und den Frühlingszwiebeln servieren. Dazu passt Kartoffelpüree (siehe Seite 65).

CHILI-AVOCADO-BURGER

Für 4 Personen | 45 Min. Zubereitung | ca. 5 Min. Garzeit

Rezept von Karlheinz Hauser

ZUTATEN:
1 rote Chilischote
700 g Rinderrücken (oder Rinderhals; gut marmoriert und abgehangen)
100 g Speck
Meersalz • Pfeffer aus der Mühle
1 Eigelb
1–2 EL Weinessig
1 TL scharfer Senf
100 ml Öl (z.B. Sonnenblumenöl)
2 reife Avocados
1 TL Balsamico bianco
2 rote Zwiebeln
1 EL Butter
1 Bund Rucola
80 g Parmesanspäne
4 Burger-Brötchen
1 Fleischtomate

1. Die Chilischote längs halbieren, entkernen, waschen und in grobe Stücke schneiden. Das Rindfleisch und den Speck in Würfel schneiden und mit etwas Meersalz und Pfeffer würzen. Fleisch- und Speckwürfel mit den Chilistücken durch den Fleischwolf drehen. Aus der Masse 4 Burger-Pattys formen, diese gut in Form drücken und kühl stellen.

2. Das Eigelb mit Weinessig und Senf in einem hohen Rührgefäß mit dem Stabmixer pürieren, dabei nach und nach das Öl dazufließen lassen und zu einer Mayonnaise verarbeiten. Die Mayonnaise in einen Spritzbeutel füllen.

3. Die Avocados halbieren, entkernen und schälen. Das Fruchtfleisch in einem hohen Rührgefäß mit dem Essig fein pürieren. Mit Meersalz und Pfeffer abschmecken.

4. Den Backofen auf 160 °C Umluft vorheizen. Die Zwiebeln schälen, halbieren und in feine Streifen schneiden. Die Zwiebelstreifen in einer Pfanne in heißer Butter andünsten. Den Rucola verlesen, waschen und trocken schütteln.

5. Die Burger-Pattys in einer beschichteten Grillpfanne auf jeder Seite braten, bis der gewünschte Garpunkt erreicht ist. Die Parmesanspäne auf die warmen Pattys legen und etwas schmelzen lassen. Inzwischen die Burger-Brötchen halbieren, auf ein Backblech legen und im Ofen erwärmen. Die Tomate waschen und in Scheiben schneiden, dabei den Stielansatz entfernen.

6. Auf jede Brötchenunterseite etwas Avocadocreme streichen, etwas Rucola und je 1 Burgerpatty darauflegen und etwas Mayonnaise aufspritzen. Die Zwiebeln und die Tomatenscheiben daraufgeben und die Brötchendeckel aufsetzen. Dazu passt ein Wildkräutersalat.

ROASTBEEF MIT CHIMICHURRI

Für 4 Personen | 30 Min. Zubereitung
ca. 40 Min. Garzeit
Rezept von Michael Kempf

FÜR DAS ROASTBEEF:
600 g Roastbeef
Salz
2 EL Öl
1 EL scharfer Senf
1 EL Honig

FÜR DAS CHIMICHURRI (ARGENTINISCHE KRÄUTER-SAUCE):
1 Ei
je ½ Bund glatte Petersilie, Minze und Koriander
1 Knoblauchzehe
2 Jalapeños (scharfe grüne Paprika)
1 Bio-Limette
4 EL Olivenöl
Salz

1. Für das Roastbeef den Backofen auf 140 °C vorheizen. Das Roastbeef trocken tupfen, mit Küchengarn in Form binden und von allen Seiten mit Salz würzen. Das Öl in einer Pfanne erhitzen und das Fleisch darin rundum kräftig anbraten. Herausnehmen und mit Senf und Honig einstreichen. Fleisch auf einem Ofengitter im Backofen (ein tiefes Blech unterschieben) etwa 30 Minuten bis zu einer Kerntemperatur von 64 °C garen. Das Roastbeef aus dem Ofen nehmen und in Alufolie gewickelt mindestens 5 Minuten ruhen lassen.

2. Für das Chimichurri das Ei etwa 7 Minuten hart kochen, kalt abschrecken und pellen. Die Kräuter waschen, trocken schütteln und die Blätter abzupfen. Den Knoblauch schälen und in feine Würfel schneiden. Die Jalapeños längs aufschneiden, entkernen, waschen und ebenfalls in feine Würfel schneiden. Die Limette heiß waschen, trocken reiben und die Schale abreiben. Das Ei, die Kräuter, den Knoblauch, die Jalapeños, die Limettenschale und das Olivenöl in einem hohen Rührgefäß mit dem Stabmixer fein pürieren. Die Sauce mit Salz abschmecken.

3. Das Fleisch in 4 dicke Scheiben schneiden und mittig auf vorgewärmten Tellern anrichten. Das Chimichurri auf das Fleisch geben und servieren. Dazu passt Kartoffelpüree (siehe Seite 65).

GEFÜLLTES KOTELETT

Für 2 Personen | 40 Min. Zubereitung | 15 Min. Garzeit

Rezept von Vincent Klink

ZUTATEN: 200 g Blattspinat • 1 Schalotte • 1 EL Butter Salz • Pfeffer aus der Mühle • frisch geriebene Muskatnuss • 70 g Weißbrotbrösel • 1 Kästchen Gartenkresse 1 Bund gemischte Kräuter (z. B. Petersilie, Kerbel, Liebstöckel, Schnittlauch, Pimpinelle) • 150 g saure Sahne 50 g Crème fraîche • 1 TL scharfer Senf • 2 EL Rapsöl 1 Spritzer Zitronensaft • 2 Schweinekoteletts (à ca. 230 g) • 2 EL Mehl • 1-2 Eier • 3 EL Butterschmalz

---

1. Spinat verlesen, waschen und trocken schleudern. Schalotte schälen und in feine Würfel schneiden. Butter in einer Pfanne erhitzen und die Schalottenwürfel darin andünsten. Spinat hinzufügen und zusammenfallen lassen. Mit Salz, Pfeffer und 1 Prise Muskat würzen und auf ein Sieb abgießen. Spinat gut ausdrücken und 1 EL Weißbrotbrösel untermischen.

2. Für die Sauce Kresse vom Beet schneiden und mit den Kräutern waschen und trocken schütteln. Von den Kräutern die Blätter abzupfen und mit der Kresse fein hacken. Saure Sahne, Crème fraîche, Senf, Öl und Zitronensaft verrühren, die gehackten Kräuter unterheben. Mit Salz und Pfeffer abschmecken.

3. In die Fleischseite der Koteletts jeweils waagerecht eine Tasche einschneiden und mit Spinat füllen. Mit Salz und Pfeffer würzen. Mit Mehl, Ei und restlichen Bröseln panieren. Die Koteletts im Butterschmalz bei mittlerer Hitze auf jeder Seite so langsam braten, dass die Panade nicht zu dunkel wird und das Innere des Fleisches gerade durchgebraten ist. Mit Sauce und gebratenen Kartoffelwürfeln (siehe Seite 65) servieren.

LAMMKARREE UNTER DER KRÄUTERKRUSTE

Für 4 Personen | 45 Min. Zubereitung | ca. 20 Min. Garzeit

Rezept von Karlheinz Hauser

FÜR DAS LAMMKARREE:
1 Bund gemischte Kräuter (Schnittlauch, Kerbel, Petersilie, Rosmarin, Thymian)
100 g Weißbrotbrösel
1 Eigelb
150 g weiche Butter
Salz • Pfeffer aus der Mühle
ca. 800 g Lammrücken (mit Knochen)
3 EL Olivenöl
1 Zweig Thymian
1 Zweig Rosmarin
Meersalz

FÜR DAS BOHNEN-PANASCHEE:
200 g dicke Bohnen
Meersalz
300 g Bund- oder Stangenbohnen
50 g getrocknete Tomaten (in Öl)
50 g Pinienkerne
1 EL Butter
2 Zweige Bohnenkraut
Pfeffer aus der Mühle

1. Für die Kruste die Kräuter waschen, trocken schütteln, ggf. die Blätter oder die Nadeln abzupfen und fein hacken. Die Kräuter mit den Weißbrotbröseln und dem Eigelb mischen und die Butter unterkneten. Die Masse mit Salz und Pfeffer würzen und zu einer Rolle formen. In Frischhaltefolie gewickelt kühl stellen.

2. Den Backofen auf 180 °C vorheizen. Das Lammkarree waschen und trocken tupfen. Das Fleisch, falls nötig, von Fett und Sehnen befreien, mit Salz und Pfeffer würzen und in einer ofenfesten Pfanne in 2 EL Olivenöl rundum anbraten. Thymian und Rosmarin waschen, trocken schütteln und mit in die Pfanne geben. Das Lammkarree im Ofen auf der mittleren Schiene 10 bis 12 Minuten rosa garen.

3. Für das Bohnen-Panaschee die dicken Bohnen aus den Schoten lösen. Die Kerne in kochendem Salzwasser 2 Minuten blanchieren, in ein Sieb abgießen, kalt abschrecken und gut abtropfen lassen. Die Bohnenkerne aus den Häutchen drücken. Die Bundbohnen putzen, in Rauten schneiden und in Salzwasser 2 Minuten blanchieren. Die Tomaten in feine Würfel schneiden. Die Pinienkerne in einer Pfanne ohne Fett anrösten. Bohnen und Bohnenkerne in einer Pfanne mit Butter, Bohnenkraut, getrockneten Tomaten und Pinienkernen schwenken und mit Salz und Pfeffer abschmecken.

4. Das Lammfleisch aus dem Ofen nehmen. Den Backofengrill einschalten. In einer ofenfesten Pfanne 1 EL Öl erhitzen und das Fleisch darin nochmals kurz anbraten. Die Kräuterbutter in feine Scheiben schneiden, auf dem Fleisch verteilen und das Lammkarree im Ofen etwa 5 Minuten goldbraun überbacken.

5. Das Lammkarree mit etwas Meersalz bestreuen, aufschneiden und auf den Bohnen anrichten. Dazu passen Röstkartoffeln.

LAMMSCHULTER MIT THYMIAN-GREMOLATA

Für 4 Personen | 30 Min. Zubereitung
2½ Std. Schmorzeit
Rezept von Jörg Sackmann

ZUTATEN:
1 Lammschulter mit Knochen (ca. 1,6 kg)
Salz • Pfeffer aus der Mühle
1 Bund Suppengemüse
2 EL Olivenöl
1 l Gemüsefond (z.B. aus dem Glas)
2 Schalotten
3 EL Butter
3 Zweige Thymian
1 EL körniger Senf
3 EL Weißbrotbrösel
250 ml Rotwein (z.B. Burgunder)
100 ml Portwein

1. Backofen auf 140 °C vorheizen. Das Fleisch waschen, trocken tupfen und mit Salz und Pfeffer würzen. Das Suppengemüse putzen und waschen, ggf. schälen und kleinschneiden. Das Gemüse mit dem Olivenöl in einen Bräter füllen und das Fleisch darauflegen. Im Ofen 2 bis 2½ Stunden braten, dabei den Fond nach und nach angießen.

2. Schalotten schälen, in Würfel schneiden und in der Butter andünsten. Aus der Pfanne nehmen und auf Küchenpapier abkühlen lassen.

3. Den Thymian waschen und trocken schütteln, die Blättchen abzupfen und fein schneiden. Mit den abgekühlten Schalotten, etwas Salz, Senf und den Bröseln mischen. Das Fleisch aus dem Ofen nehmen und die Thymian-Gremolata daraufstreichen. Den Backofengrill einschalten und das Fleisch im Ofen etwa 5 Minuten gratinieren.

4. Den Bratenfond aus dem Bräter durch ein feines Sieb in einen Topf passieren, Rotwein und Portwein dazugießen und die Flüssigkeit kräftig einkochen lassen. Die Sauce mit Salz und Pfeffer abschmecken.

5. Die Lammschulter auslösen, in Scheiben schneiden und mit der Sauce anrichten. Dazu passen Polentaplätzchen (siehe Seite 10) und Wurzelgemüse.

LAMMRAGOUT MIT NAVETTEN UND LAVENDEL

Für 4 Personen | 35 Min. Zubereitung
ca. 1 Std. Garzeit

Rezept von Vincent Klink

ZUTATEN:
4 Zwiebeln
1 Knoblauchzehe
1 Zweig Rosmarin
½ Bund Thymian
1 kg Lammschulter (ohne Knochen)
2 EL Olivenöl
Salz • Pfeffer aus der Mühle
1 EL Tomatenmark
400 ml Rotwein
2 Möhren
3 Navetten (zarte Rübchen)
50 g Sellerie
50 g Steckrübe
8–12 frische, unbehandelte Lavendelblüten

1. Zwiebeln und Knoblauch schälen. Die Zwiebeln in möglichst dünne Scheiben schneiden, den Knoblauch leicht andrücken. Rosmarin und Thymian waschen und trocken schütteln, die Blättchen abzupfen und fein hacken. Das Fleisch in 3 cm große Würfel schneiden.

2. Das Olivenöl in einem Schmortopf erhitzen und das Fleisch darin portionsweise anbraten. Die Zwiebeln dazugeben und mitbraten. Mit etwas Salz und Pfeffer würzen. Die Kräuter, den Knoblauch und das Tomatenmark hinzufügen und kurz anrösten. Den Rotwein angießen und die Flüssigkeit aufkochen lassen. Den Topf zudecken und das Ragout bei schwacher Hitze etwa 30 Minuten schmoren.

3. In der Zwischenzeit Möhren, Navette-Rübchen, Sellerie und Steckrübe waschen und schälen (junge Navetten müssen nicht geschält werden) und in Spalten schneiden. Das Gemüse zum Ragout in den Topf geben und zugedeckt weitere etwa 35 Minuten sanft schmoren, dabei gelegentlich umrühren.

4. Das Ragout mit Salz und Pfeffer kräftig würzen und auf tiefen Tellern mit Lavendelblüten bestreut servieren. Dazu passt Baguette oder Salzkartoffeln.

GESCHMORTE KANINCHEN-KEULE MIT FRÜHLINGSGEMÜSE

Für 4 Personen | 12 Std. Marinierzeit | 35 Min. Schmorzeit

Rezept von Vincent Klink

FÜR DIE KANINCHENKEULEN:

1 Knoblauchzehe
1 Zweig Thymian
150 ml Apfelsaft
150 ml trockener Weißwein
2 Lorbeerblätter
1 TL weiße Pfefferkörner
1 Msp. gemahlener Piment
4 Kaninchenkeulen
2 Schalotten
Salz • Pfeffer aus der Mühle
2 EL Butterschmalz
200 g Crème double
2 EL Korinthen

FÜR DAS GEMÜSE:

1–2 Kohlrabiknollen
2 Möhren
1–2 EL Butter
1 TL Zucker
70 ml Gemüsebrühe
Salz • Pfeffer aus der Mühle
frisch geriebene Muskatnuss

1. Für die Kaninchenkeulen den Knoblauch schälen und leicht andrücken. Den Thymian waschen und trocken schütteln. In einer Schüssel beides mit Apfelsaft, Weißwein, Lorbeerblättern, Pfefferkörnern und Piment zu einer Marinade verrühren. Die Kaninchenkeulen waschen und trocken tupfen, in eine Auflaufform legen und mit der Marinade übergießen. Mit Frischhaltefolie bedeckt 12 Stunden kühl stellen und ziehen lassen. Die Schalotten schälen und in feine Würfel schneiden. Die Kaninchenkeulen aus der Marinade nehmen, leicht abtupfen und mit Salz und Pfeffer würzen. Das Butterschmalz in einem Schmortopf erhitzen und die Keulen darin rundum anbraten. Die Schalotten dazugeben und mitbraten.

2. Die Marinade durch ein Sieb passieren und die Keulen mit so viel Marinade ablöschen, dass sie zur Hälfte mit Flüssigkeit bedeckt sind, dabei den Thymianzweig und den Knoblauch aus der Marinade mit in den Topf geben. Die Keulen zugedeckt bei schwacher Hitze etwa 35 Minuten weich schmoren, dabei ab und an wenden.

3. Inzwischen das Gemüse putzen, schälen und in sehr dünne Scheiben schneiden. Dabei die feinen zarten Blättchen vom Kohlrabi abschneiden und beiseitelegen. In einem Topf die Butter erhitzen, Gemüsescheiben dazugeben, mit dem Zucker bestreuen und karamellisieren lassen. Mit der Brühe ablöschen und zugedeckt etwa 10 Minuten dünsten. Mit Salz, Pfeffer und Muskat abschmecken und mit Kohlrabiblättchen bestreuen.

4. Die Keulen, den Thymian und den Knoblauch aus dem Topf nehmen. Die Crème double unter den Bratensatz rühren und etwas einkochen. Die Korinthen unter die Sauce mischen und mit Salz und Pfeffer abschmecken. Die Keulen mit der Sauce und dem Gemüse anrichten. Dazu passt Polenta (siehe Seit 10).

TREUE GEFÄHRTEN

Ein gelungenes Gericht besteht nicht nur aus perfekt gegartem Fleisch oder Fisch. Eine gute Beilage darf natürlich nicht fehlen und spielt eine wichtige Rolle. Sie rundet den Hauptgang optisch und geschmacklich ab, kann den Star auf dem Teller unterstützen oder auch einen aufregenden Kontrast setzen. Ob Gemüse oder Getreide, mild oder würzig, eine cremige Konsistenz oder knackige Frische – die Beilage setzt für jedes Gericht wichtige Akzente. Einfach und doch raffiniert, kann sie idealerweise auch im Alleingang überzeugen.

GEBRATENE KARTOFFELWÜRFEL

Für 4 Personen 1 kg gegarte und gepellte festkochende Kartoffeln vom Vortag in kleine Würfel schneiden.

2 Zwiebeln schälen und in kleine Würfel schneiden. Die Kartoffelwürfel in 6 EL Öl oder Butterschmalz in einer Pfanne bei mittlerer Hitze etwa 10 Minuten unter gelegentlichem Rühren goldbraun braten, mit Salz und Pfeffer würzen.

Die Zwiebelwürfel hinzufügen und weitere 5 bis 10 Minuten mitbraten.

KARTOFFELPÜREE

Backofen auf 140 °C Umluft vorheizen. Für 4 Personen 400 g festkochende Kartoffeln mit der Schale gründlich waschen. 1 Knoblauchzehe schälen. Etwas Meersalz in einer Auflaufform verteilen, Kartoffeln und Knoblauch hineinlegen und im Ofen etwa 1 Stunde garen.

Die gegarten Kartoffeln schälen, mit dem Knoblauch durch eine Kartoffelpresse drücken und mit 80 g Butter zu einem sehr feinen und cremigen Püree mischen. Sollte die Masse zu fest sein, etwas Milch dazugeben. Das Püree mit Salz und Pfeffer abschmecken.

GEMÜSENUDELN

Für 4 Personen 300 g Möhren putzen, schälen und mithilfe eines Spiralschneiders in lange Gemüsenudeln schneiden oder mit einem Sparschäler der Länge nach zu dünnen Gemüsenudeln schälen. 100 g Zucchini putzen, waschen und ebenfalls zu langen Gemüsenudeln verarbeiten.

1 Schalotte schälen und in feine Würfel schneiden. 2 EL Butter in einem Topf erhitzen und die Schalottenwürfel darin andünsten. Erst die Möhrennudeln dazugeben und 1 Minute mitgaren, dann die Zucchininudeln hinzufügen. Das Gemüse mit Salz, Pfeffer und 1 Prise Zucker würzen, 70 g Sahne dazugießen und leicht einkochen lassen. ½ Bund Kerbel waschen und trocken schütteln, die Blätter abzupfen und fein schneiden. Den Kerbel unter die Gemüsenudeln mischen.

REHNÜSSCHEN MIT SÜSSHOLZSAUCE UND KIRSCHEN

Für 4 Personen | 45 Min. Zubereitung | mind. 12 Std. Marinierzeit

Rezept von Jörg Sackmann

FÜR FLEISCH UND SAUCE:

1 Zimtstange
ca. 30 g geraspeltes Süßholz (aus der Apotheke)
10 g Korianderkörner
2 Lorbeerblätter
10 Pfefferkörner
2 EL brauner Zucker
Meersalz
600 g ausgelöster Rehrücken
2 Schalotten
4 EL kalte Butter
40 ml Portwein
100 ml Rotwein
2 Zweige Thymian
300 ml Wildfond (aus dem Glas)

FÜR DIE MARINIERTEN KIRSCHEN:

150 g Sauerkirschen (aus dem Glas)
120 ml Rotwein
100 ml Portwein
50 ml Cassis-Likör (Johannisbeer-Likör)
½ Zimtstange
Saft von 1 Orange
Zitronensaft
1 TL Speisestärke
20 ml Kirschwasser
1 TL Honig
Pfeffer aus der Mühle
Zucker

1. Für das Fleisch die Zimtstange fein zerbrechen, mit 25 g Süßholz, Koriander, Lorbeerblättern, Pfefferkörnern, braunem Zucker und 25 g Meersalz im Mörser zerstoßen. Das Fleisch trocken tupfen und mit dem Würzsalz einreiben. Zugedeckt über Nacht kühl gestellt ziehen lassen.

2. Für die marinierten Kirschen die Kirschen auf einem Sieb abtropfen lassen, dabei 150 ml vom Saft auffangen. Kirschsaft, Rot- und Portwein mit Likör und Zimt in einem Topf auf 300 ml einkochen. Den Orangen-, 1 Spritzer Zitronensaft und die Stärke verrühren und die Flüssigkeit im Topf damit binden. Das Kirschwasser und die Kirschen untermischen, alles kalt rühren und mit Honig, Pfeffer und Zucker abschmecken.

3. Für die Sauce die Schalotten schälen, in feine Würfel schneiden und in 1 EL Butter dünsten. Mit Port- und Rotwein ablöschen und das restliche Süßholz hinzufügen. Den Thymian waschen, trocken schütteln und mit in den Topf geben. Die Flüssigkeit fast vollständig einkochen lassen, dann den Wildfond angießen. Alles nochmals um ein Drittel einkochen. Die Sauce durch ein feines Sieb passieren, mit Salz und Pfeffer abschmecken und 1 EL Butter unterrühren.

4. Die Mariniermischung mit Küchenpapier vom Fleisch reiben. Das Fleisch in Medaillons à etwa 50 g schneiden. In einer Pfanne die restliche Butter erhitzen, die Medaillons darin von jeder Seite etwa 2 Minuten braten. Herausnehmen und zugedeckt kurz ruhen lassen.

5. Medaillons, Sauce und marinierte Kirschen auf Tellern anrichten. Dazu passen zum Beispiel Kartoffelkroketten.

HIRSCHMEDAILLON MIT PILZKRUSTE

Für 4 Personen | 50 Min. Zubereitung | 10 Min. Garzeit

Rezept von Karlheinz Hauser

ZUTATEN:
500 g Wirsing
Salz
8 Medaillons vom Hirschrücken (à 80 g)
Pfeffer aus der Mühle
4 EL Öl
1 Bund glatte Petersilie
300 g Pilze (z. B. Champignons oder Steinpilze)
2 Schalotten
2 EL Butter
2 EL Weißbrotbrösel
1 TL weiße Pfefferkörner
200 ml Fleischbrühe (instant)
50 ml weißer Portwein
200 g Sahne
frisch geriebene Muskatnuss

1. Den Backofen auf 160 °C vorheizen. Vom Wirsing die äußeren Blätter entfernen, die inneren Blätter lösen und den Strunk herausschneiden. Die Blätter in reichlich Salzwasser etwa 6 Minuten garen, herausheben und abtropfen lassen.

2. Die Medaillons trocken tupfen, mit Salz und Pfeffer würzen und erst in 1 EL Öl anbraten, dann im Ofen etwa 10 Minuten garen. Die Petersilie waschen und trocken schütteln, die Blätter abzupfen und in feine Streifen schneiden.

3. Die Pilze putzen und klein schneiden. Die Schalotten schälen und in feine Würfel schneiden. Die Pilze mit der Hälfte der Schalottenwürfel im restlichen Öl dünsten, 1 EL Butter dazugeben und mit Salz und Pfeffer abschmecken. Die Petersilie und die Weißbrotbrösel unter die Pilzmasse mischen.

4. Für die Pfeffersauce die restlichen Schalotten und die weißen Pfefferkörner in 1 EL Butter andünsten. Mit Brühe und Portwein ablöschen und die Flüssigkeit nahezu einkochen. In einem Topf 80 g Sahne aufkochen und mit Salz und Pfeffer würzen. Den Wirsing darin köcheln lassen, bis die Flüssigkeit cremig eingekocht ist. Mit Salz, Pfeffer und Muskat abschmecken. Die restliche Sahne zum Saucenansatz gießen, kurz einkochen und die Sauce mit Salz abschmecken.

5. Den Backofengrill einschalten. Die Pilzmasse auf den Medaillons verteilen und im Ofen kurz gratinieren.

6. Den Wirsing auf Tellern anrichten, die Hirschmedaillons daraufsetzen und die Sauce angießen. Zu diesem Gericht passen sehr gut Schupfnudeln.

Hirschrücken ist wunderbar zart und ideal zum Kurzbraten. Eine preiswertere Alternawtive sind Steaks aus der Keule.

WILDSCHWEIN-GESCHNETZELTES MIT PILZKNÖDELN

Für 4 Personen | 50 Min. Zubereitung | 20 Min. Garzeit | 10 Min. Ziehzeit

Rezept von Vincent Klink

FÜR DIE PILZKNÖDEL:
150 ml Milch
4 Brötchen vom Vortag
200 g Champignons
2 Schalotten
2 EL Butterschmalz
½ Bund glatte Petersilie
½ Bund Schnittlauch
2 Eier
Salz • Pfeffer aus der Mühle
frisch geriebene Muskatnuss

FÜR DAS GESCHNETZELTE:
2 Schalotten
3 Stiele glatte Petersilie
600 g Wildschweinfleisch (aus der Keule)
2 EL Butterschmalz
Salz
Pfeffer aus der Mühle
250 ml Fleischbrühe (instant)
100 ml Rotwein
20 ml Cognac
1 TL Essig
2 Wacholderbeeren
1 Msp. gemahlene Gewürznelke
1 Msp. Piment
3 EL Preiselbeeren (aus dem Glas)

1. Für die Knödel die Milch in einem Topf erwärmen. Die Brötchen in feine Würfel schneiden und in einer Schüssel mit der Milch begießen. Zugedeckt etwa 10 Minuten ziehen lassen.

2. Pilze putzen und in Scheiben schneiden. Schalotten schälen und in feine Würfel schneiden. Butterschmalz in einer Pfanne erhitzen und Schalotten und Pilze darin anbraten. Die Pilzmischung herausnehmen und auf Küchenpapier abtropfen lassen. Kräuter waschen, trocken schütteln und fein schneiden. Die Pilzmischung, die Kräuter und die Eier zu den eingeweichten Brötchen geben. Die Masse mit Salz, Pfeffer und Muskat würzen und gut untermischen. Sollte die Masse zu trocken sein, noch etwas Milch angießen. Aus der Masse Knödel formen und diese in siedendem Salzwasser etwa 15 Minuten garen.

3. Für das Geschnetzelte die Schalotten schälen und in feine Würfel schneiden. Die Petersilie waschen und trocken schütteln, die Blätter abzupfen und fein schneiden. Das Fleisch in feine Scheiben schneiden. In einer Pfanne 1 EL Butterschmalz erhitzen und das Fleisch darin bei starker Hitze kurz anbraten. Mit Salz und Pfeffer würzen, aus der Pfanne nehmen und warm stellen, den Fleischsaft dabei auffangen.

4. Das restliche Butterschmalz erhitzen und die Schalotten darin anbraten. Mit Brühe, Wein und Cognac ablöschen und die Flüssigkeit um die Hälfte einkochen. Den ausgetretenen Fleischsaft und den Essig hinzufügen. Die Wacholderbeeren im Mörser zerreiben, mit den Gewürznelken und dem Piment zur Sauce geben und aufkochen. Die Preiselbeeren und das Fleisch hinzufügen und kurz warm werden lassen. Die Petersilie untermischen und das Wildschweingeschnetzelte mit Salz und Pfeffer abschmecken. Auf Tellern mit den Knödeln anrichten.

Man kann einen Probeknödel formen und in siedendem Salzwasser garen. Herausnehmen und abtropfen lassen. Sollte der Knödel zerfallen, noch etwas Weißbrotbrösel unter die Masse mischen.

GEFLÜGEL-GERICHTE

Das zarte und aromatische Fleisch von Geflügel lässt neben seiner gesunden Nährstoffzusammensetzung auch kulinarisch gesehen keine Wünsche offen.

SHERRY-MAISHÄHNCHENBRUST AUF BLUMENKOHL

Für 4 Personen | 45 Min. Zubereitung | 20 Min. Garzeit

Rezept von Michael Kempf

FÜR PERLZWIEBELN UND HÄHNCHEN:

80 g Perlzwiebeln
Salz
100 ml Sherry (Cream)
1 EL Estragonessig
1 EL Butter
4 Maishähnchenfilets (mit Haut; à 150 g)
1 EL Öl
Meersalz

FÜR SAUCE UND BLUMENKOHL:

200 ml trockener Sherry
50 g Champignons
1 EL Öl
400 ml Geflügelfond (z. B. aus dem Glas)
1 Lorbeerblatt
4 Pfefferkörner
4 Wacholderbeeren
1 hart gekochtes Ei
400 g Blumenkohl
2 EL Butter
Salz
frisch geriebene Muskatnuss
1 EL gebräunte Weißbrotbrösel
2 EL gehackte Petersilie

1. Für die Perlzwiebeln die Zwiebeln schälen und in kochendem Salzwasser 2 Minuten blanchieren. In ein Sieb abgießen und kalt abschrecken. Die Zwiebeln abtropfen lassen, halbieren und in einer heißen Pfanne auf den Schnittflächen bräunen. In einem Topf Sherry und Essig erhitzen und bei mittlerer Hitze um die Hälfte reduzieren. Die Zwiebelhälften und die Butter mit in den Topf geben und so lange einkochen lassen, bis die Zwiebeln glasiert sind.

2. Für die Sauce den Sherry auf 100 ml einkochen. Die Pilze putzen, fein schneiden und im heißen Öl braten. Den reduzierten Sherry und den Fond angießen. Die Gewürze dazugeben. Den Saucenansatz bei mittlerer Hitze um die Hälfte einkochen.

3. Backofen auf 120 °C vorheizen. Das Fleisch waschen und trocken tupfen. Die Filets auf der Fleischseite im heißen Öl anbraten. Wenden und bei mittlerer Hitze etwa 5 Minuten kross braten. Das Fleisch auf einem Ofengitter auf der mittleren Schiene im Ofen 6 bis 8 Minuten fertig garen, dabei ein tiefes Backblech unterschieben.

4. Das Ei pellen und in feine Würfel schneiden. Den Blumenkohl putzen, waschen und in Röschen teilen. Diese in flache Scheiben schneiden. Die Butter in einer großen Pfanne erhitzen und die Blumenkohlscheiben darin bei schwacher bis mittlerer Hitze auf jeder Seite goldgelb braten. Mit Salz und Muskat würzen. Kurz vor dem Servieren die Weißbrotbrösel, die Petersilie und die Eierwürfel unterrühren und warm werden lassen.

5. Die Sauce mit dem Stabmixer fein pürieren, durch ein Sieb passieren und mit Salz abschmecken. Die Filets aufschneiden und mit Meersalz würzen. Mit dem Blumenkohl und der Sauce auf Tellern anrichten und die Perlzwiebeln darauflegen.

MAISPOULARDEN-SATÉ MIT POLENTA UND FEIGENJUS

Für 2 Personen | 45 Min. Zubereitung | 55 Min. Garzeit

Rezept von Jörg Sackmann

FÜR DIE POLENTA:
Fett für das Backblech
ca. 300 ml Milch • 75 g Maisgrieß
Salz • weißer Pfeffer aus der Mühle
frisch geriebene Muskatnuss
50 g geröstete und gehackte Erdnüsse
15 g geriebener Parmesan
abgeriebene Schale von ½ Bio-Zitrone
2 EL Erdnussöl
1 Ei • 1 Eigelb

FÜR DIE SPIESSE:
2 Poulardenbrustfilets (à 150 g)
1 EL Feigensenf
10 ml Feigenessig • 1 EL Olivenöl
2 TL Zitronenthymianblättchen
Salz • Pfeffer aus der Mühle
2 kleine Zwiebeln (in Spalten)
1 Zucchini (in kleinen Stücken)
2 EL Erdnussöl • Currysalz

FÜR DIE JUS:
2 Schalotten (in Würfeln)
2 getrocknete Feigen (in Würfeln)
1 EL Erdnussöl
20 ml Feigenessig
50 ml Portwein
200 ml dunkle Geflügeljus (aus dem Glas)
2 frische Feigen (in Würfeln)
30 g geröstete und gehackte Erdnüsse
Salz • Pfeffer aus der Mühle
1 TL Zitronenthymianblättchen

1. Für die Polenta Backofen auf 160 °C vorheizen. Ein Backblech mit gefettetem Backpapier belegen. 200 ml Milch aufkochen, Maisgrieß unterrühren. Restliche Milch langsam nach und nach dazugießen. Polenta mit Salz, Pfeffer und Muskatnuss würzen und auskühlen lassen.

2. Erdnüsse, Parmesan, Zitronenschale, 1 EL Erdnussöl, Ei und Eigelb unter die Polenta rühren. Die Masse 2 cm dick auf das Backblech geben und mit Alufolie bedeckt im Ofen auf der mittleren Schiene etwa 30 Minuten garen. Alufolie entfernen und die Polenta offen weitere 15 Minuten backen. Aus dem Ofen nehmen und abkühlen lassen.

3. Inzwischen für die Spieße das Fleisch waschen, trocken tupfen, in 2 cm breite Streifen schneiden und plattieren. Senf, Essig und Olivenöl verquirlen. Fleisch damit dünn bestreichen und mit 1 TL Thymian bestreuen. Die Streifen mit Salz und Pfeffer würzen und aufrollen. Den Backofen auf 80 °C vorheizen.

4. Zwiebeln und Zucchini in einer Pfanne in 1 EL Erdnussöl anbraten, mit etwas Currysalz würzen. Die Röllchen abwechselnd mit Zucchini und Zwiebeln auf Holzspieße stecken. Restlichen Thymian darüberstreuen und die Spieße mit Salz und Pfeffer würzen. Im restlichen Erdnussöl rundum anbraten, dann im Ofen auf der mittleren Schiene 10 Minuten fertig garen.

5. Für die Jus Schalotten und getrocknete Feigen in einer Pfanne im Erdnussöl andünsten. Essig dazugeben und einkochen. Portwein hinzufügen, weiter reduzieren. Mit Jus auffüllen. Frische Feigen und Erdnüsse zur Jus geben. Mit Salz, Pfeffer und Thymian würzen. Die Polenta in Würfel schneiden und mit dem restlichen Erdnussöl bestreichen. Die Saté-Spieße mit den Polentawürfeln und der Feigenjus servieren.

HÄHNCHEN-BRUST MIT RADICCHIO

Für 4 Personen | 45 Min. Zubereitung
20 Min. Ziehzeit | ca. 35 Min. Garzeit

Rezept von Michael Kempf

ZUTATEN:
1 vollreife Quitte
300 g Pastinaken
8 EL Rapsöl
4 EL Balsamico bianco
Meersalz • Currypulver
½ Knoblauchzehe (in Würfeln)
½ TL Bio-Zitronenschale
1 TL geräuchertes Paprikapulver
3 Prisen Cayennepfeffer
2 doppelte, ausgelöste Hähnchenbrustfilets mit Haut und Flügelknochenansatz (à ca. 150 g)
2 Schalotten (in Würfeln)
2 EL Butter
100 ml Gemüsebrühe (instant)
gemahlener Kümmel
50 g Sahne
½ Kopf Radicchio
2 EL Puderzucker
1 EL geröstete, gesalzene und gehackte Cashewkerne

1. Für den Salat den Flaum der Quitte gründlich abreiben. Quitte und 200 g Pastinaken schälen und beides in sehr feine Scheiben schneiden. In einer Schüssel mit je 2 EL Rapsöl und Essig mischen. Mit Meersalz und Curry würzen. Mit Frischhaltefolie bedeckt 20 Minuten ziehen lassen, nochmals abschmecken.

2. Für das Würzöl Knoblauch in einer Schüssel mit 3 EL Rapsöl, Zitronenschale, Paprikapulver und Cayennepfeffer mischen.

3. Backofen auf 120 °C Umluft vorheizen. Das Fleisch waschen, trocken tupfen und mit Salz würzen. In einer ofenfesten Pfanne das restliche Rapsöl erhitzen und das Fleisch darin auf den Hautseiten 3 bis 4 Minuten anbraten. Wenden und 2 Minuten weiter braten. Im Ofen auf der mittleren Schiene 5 bis 7 Minuten fertig garen, herausnehmen und 5 Minuten ruhen lassen.

4. Für das Püree die restliche Pastinake schälen und in Würfel schneiden. Mit Schalotten in der Butter anbraten und mit der Brühe ablöschen. Mit etwas Salz und Kümmel würzen. Zugedeckt weich dünsten. Sahne dazugießen und fein pürieren. Radicchio grob zupfen, waschen und trockenschleudern. In eine heiße Pfanne geben, mit dem Puderzucker bestäuben und kräftig anbraten. Mit restlichem Essig ablöschen und mit Salz würzen. Radicchio in ein Sieb abgießen und gut abtropfen lassen.

5. Das Fleisch aufschneiden, mit dem Würzöl bestreichen und mit dem Püree anrichten. Den Radicchio und den Salat mit Cashewkernen bestreuen und dazu servieren.

HÄHNCHEN-KEULE IN APFELSAUCE

Für 4 Personen | 35 Min. Zubereitung
ca. 60 Min. Garzeit
Rezept von Martina Kömpel

FÜR DIE BRATKARTOFFELN:
600 g kleine Kartoffeln (z. B. Sorte Drillinge oder Bamberger Hörnchen)
Salz
2 EL Butterschmalz
3 EL gehackte Petersilie
Pfeffer aus der Mühle

FÜR DIE HÄHNCHENKEULEN:
4 Hähnchenkeulen
Salz • Pfeffer aus der Mühle
2 EL Butterschmalz
2 Schalotten (in Spalten)
4 säuerliche Äpfel (entkernt, in Vierteln)
70 ml Calvados
100 ml Geflügelbrühe
200 ml Cidre
2 Zweige Thymian
2 Zweige glatte Petersilie
1 Lorbeerblatt
2 EL Butter
1 TL Zucker
150 g Sahne

1. Für die Bratkartoffeln die Kartoffeln mit der Schale waschen und in Salzwasser etwa 20 Minuten garen. Die Kartoffeln abgießen, ausdampfen lassen und heiß pellen.

2. Für die Hähnchenkeulen die Keulen waschen, trocken tupfen und mit Salz und Pfeffer würzen. In einem Schmortopf im heißen Butterschmalz rundum anbraten und herausnehmen. Schalotten und 4 Apfelspalten in den Schmortopf geben und anrösten. Die Hähnchenkeulen darauflegen, mit Calvados ablöschen und die Flüssigkeit einkochen.

3. Die Brühe und die Hälfte vom Cidre angießen. Die Kräuter waschen, trocken schütteln und mit dem Lorbeerblatt dazugeben. Die Hähnchenkeulen zugedeckt bei mittlere Hitze etwa 30 Minuten schmoren.

4. Die gegarten Kartoffeln mit dem Handrücken etwas flach drücken. Das Butterschmalz in einer Pfanne erhitzen und die Kartoffeln darin auf jeder Seite anbraten, die Petersilie untermischen und mit Salz und Pfeffer würzen.

5. Restliche Apfelspalten in einer Pfanne in der Butter anbraten. Mit Zucker bestreuen und karamellisieren lassen. Mit dem restlichen Cidre ablöschen, aufkochen und anschließend in den Schmortopf geben. Die Sahne angießen und warm werden lassen. Die Hähnchenkeulen mit Salz und Pfeffer würzen und mit der Apfelsauce anrichten. Die Kartoffeln dazu servieren.

MARTINA KÖMPEL – KREATIVE WELTBÜRGERIN

Wollte man Martina Kömpel in aller Kürze charakterisieren, käme „kreative Weltbürgerin“ durchaus nahe heran: Seit Jahren lebt sie in Frankreich und hat viel von der Welt gesehen.

Steckbrief

Geboren: 1967 in Krefeld

Beruf: Chef de Cuisine und Restaurantbesitzerin

Motto: „Das Vergängliche einen Augenblick festhalten.“

Restaurant: Les Contes de Bruyères, Servieres-le-Chateau, Frankreich

Auszeichnungen: Meisterbrief an der Ecole supérieure de la cuisine française Ferrandi

Von der Nähnadel zum Kochlöffel

Kreativität zieht sich wie ein roter Faden durch Martina Kömpels Leben. Zunächst fand die ihre Ausprägung aber weit weg von der Küche: Die gebürtige Krefelderin absolvierte nach dem Abitur eine Schneiderlehre, studierte Theaterwissenschaften und arbeitete bei einer Fernsehproduktionsfirma. Die Liebe führte Martina Kömpel in die Ferne, erst auf die französische Insel La Réunion und von dort nach Paris. Die Zäsur nach diesem durchaus bewegten Abschnitt ihres Lebens brachte eine Suppe, genauer gesagt, eine Kürbissuppe. Als ambitionierte Hobbyköchin erntete sie für dieses Rezept so hohes Lob im Freundeskreis, dass sie beschloss, ihr Talent zum Kochen zu professionalisieren. Gesagt, getan, und so wurde sie nur Tage später im Pariser Drei-Sterne-Restaurant Lucas Carton vorstellig und überzeugte Chefkoch Alain Senderes, sie bei ihm lernen zu lassen. Als Senderes sich beruflich umorientierte und seine Michelin-Sterne zurückgab, erkannte Martina Kömpel, dass die Zeit gekommen war, Nägel mit Köpfen zu machen. Sie bewarb sich an der berühmten Pariser Kochschule Ecole supérieure de la cuisine française Ferrandi und erwarb dort 2007 als erste Deutsche den Meisterbrief. Währenddessen kochte sie in der Küche des legendären Hôtel Ritz unter Michel Roth.

„Feine Küche wird auf den Punkt genau abgeschmeckt. Das muss man trainieren.“

Kochen im Dienste der Diplomatie

In der gehobenen Küche angekommen, bot sich Martina Kömpel erneut die Möglichkeit zu einem weiteren Schritt, als sie als freiberufliche Meisterkö-

chin das Catering für die damalige Wiedereröffnung des Goethe-Instituts in Paris übernahm. Wieder öffnete sich die Tür, fortan kochte Martina Kömpel für die Diplomatie und bewies dabei das nötige Fingerspitzengefühl. Denn wenn viele verschiedene Nationalitäten an einem Tisch sitzen, braucht es ein hohes Maß an Empathie und ein breites Wissen um die Geschmäcker der Welt, um ein Menü weder zu exotisch noch zu herkömmlich zu gestalten. Diplomatisch eben.

Ihre Aufgabe für das Goethe Institut beschränkte sich aber nicht nur auf die Verpflegung weitgereister Gäste, sondern bestand auch darin, sich kulturell und kulinarisch auszutauschen. Die deutsche Küche im Ausland zu repräsentieren, sie auf der ganzen Welt mit all den vielfältigen Essgewohnheiten schmeck- und erlebbar zu machen, brachte Martina Kömpel an interessante Orte und mit inspirierenden Menschen zusammen.

„Das Essen an sich soll den Anstoss dafür geben, einen schönen Abend zu verbringen."

Angekommen im eigenen Restaurant

Martina Kömpel ist mittlerweile sesshaft geworden. 2014 eröffnete sie in Zentralfrankreich ihr Restaurant Les Contes de Bruyeres, das sich mittlerweile in ein herrlich familiäres Restaurant-Hotel mit authentischer Atmosphäre entwickelt hat. Hier genießt sie die Freiheit, all die Eindrücke und Inspirationen, die sie auf ihren Reisen und während der Zusammenarbeit mit Kollegen sammeln konnte, in ihre Gerichte einfließen lassen zu können. Sie hat sich damit einen großen Traum erfüllt: ihre Küche weg aus elitären Kreisen hinein in die Welt zu holen. Eine Küche, die leicht, lecker und kreativ ist.

GANZ PRIVAT

WIE GEHEN SIE MIT GÄSTEN UM, DIE ALLERGIKER SIND – ODER EINFACH HEIKEL?

„Ganz offen: In meinem Restaurant gibt es keine Karte, und deshalb frage ich lieber vorher. Das schafft Vertrauen, ich kann mich blitzschnell auf den Gast einstellen und eine Lösung finden."

GEFÜLLTES HÄHNCHEN MIT WEINTRAUBEN

Für 4 Personen | 30 Min. Zubereitung | 1½ Std. Garzeit

Rezept von Martina Kömpel

ZUTATEN: 1 Hähnchen (küchenfertig; ca. 1,6 kg) • Salz Pfeffer aus der Mühle • 500 g helle, kernlose Weintrauben • 1 Knoblauchknolle • 250 g schwarze Oliven (ohne Stein; z.B. Kalamata) • 4 EL Olivenöl

1. Den Backofen auf 160 °C vorheizen. Das Hähnchen von innen und außen kalt waschen und mit Küchenpapier trocken tupfen. Die lose am Hals hängende Haut nach hinten auf den Hähnchenrücken ziehen und mit einem Zahnstocher feststecken. So kann keine Füllung aus dem Hähnchen fallen. Das Hähnchen innen mit Salz und Pfeffer würzen.

2. Die Weintrauben waschen und trocken tupfen. Die Knoblauchknolle in einzelne Zehen teilen und diese schälen. Oliven, Weintrauben und je nach Geschmack etwa 6 bis 7 Knoblauchzehen mischen.

3. Das Hähnchen mit der Mischung prall füllen. Die Füllung mit 2 EL Olivenöl beträufeln. Die Öffnung mit Zahnstochern verschließen. Das Hähnchen von außen mit Salz und Pfeffer würzen und mit dem restlichen Olivenöl bepinseln.

4. Das Hähnchen in einer großen Auflaufform oder auf dem Grillrost (ein tiefes Backblech unterschieben) im Ofen etwa 1½ Stunden knusprig braten.

5. Das Hähnchen herausnehmen und in Portionsstücke tranchieren. Die Füllung dazu reichen.

PERLHUHNBRUSTFILET MIT ERDBEEREN UND KAPERN

Für 2 Personen | 50 Min. Zubereitung | 20 Min. Garzeit

Rezept von Jörg Sackmann

FÜR DAS PERLHUHN:
2 Perlhuhnbrustfilets (mit Haut; à ca. 150 g)
2 Zweige Thymian
Salz • weißer Pfeffer aus der Mühle
Olivenöl
flüssiger Honig

FÜR DIE NUDELN:
4 Schalotten (in Würfeln)
1 EL Olivenöl
1 EL Aceto balsamico
Salz
Zucker
80 g Risoni-Nudeln (reisförmige Nudeln)
400 ml Geflügelfond (aus dem Glas)
8 rosé Champignons
1 EL Butter
1 kl. Bund Kapuzinerkresse
4 EL Einlegesaft von Kapern
1 TL eingelegte grüne Pfefferkörner
5 Oliven (ohne Stein)
1 EL Kapern (aus dem Glas)
1 EL geriebener Parmesan

FÜR DIE ERDBEEREN:
2 cl Aceto balsamico
1 TL flüssiger Honig
4 EL Butter
Salz • Pfeffer aus der Mühle
10 Erdbeeren

1. Für das Perlhuhn den Backofen auf 70 °C vorheizen. Das Fleisch sowie den Thymian waschen und trocken tupfen. Die Filets mit Salz und Pfeffer würzen. Jeweils mit etwas Olivenöl beträufeln und mit 1 Zweig Thymian belegt in Alufolie wickeln, auf das Ofengitter legen und im Ofen auf der mittleren Schiene etwa 20 Minuten garen.

2. Für die Nudeln Schalotten in einer Pfanne im Olivenöl andünsten. Mit dem Essig ablöschen, etwas reduzieren und je 1 Prise Salz und Zucker dazugeben. Nudeln und Fond dazugeben und aufkochen. Die Nudeln nach Packungsanweisung garen.

3. Inzwischen die Pilze putzen und in feine Scheiben schneiden. In heißer Butter anbraten. Die Kresse waschen, trocken schütteln und grob zerkleinern. Die Kresse (bis auf 2 TL), Kapernsaft und Pfefferkörner unter die Pilze mischen.

4. Die Oliven in feine Würfel schneiden. Kapern, Parmesan und Oliven unter die Nudeln mischen und alles zu einem sämigen „Risotto“ verrühren.

5. Für die Erdbeeren Essig und Honig in einem Topf erhitzen, die Butter unterrühren und leicht einkochen. Die Reduktion mit Salz und Pfeffer würzen. Erdbeeren waschen, putzen und in Spalten schneiden. Die Erdbeeren unter die Reduktion schwenken, aber nicht erhitzen.

6. Das Fleisch herausnehmen und kurz abkühlen lassen. Etwas Olivenöl in einer Pfanne erhitzen und die Filets auf der Hautseite knusprig braten. Mit Salz und Pfeffer würzen, dann wenden und weitere 1 bis 2 Minuten garen. Die Haut mit etwas Honig beträufeln. Die Filets aufschneiden, mit Nudeln, Pilzen und Erdbeeren anrichten. Mit Kresse garniert servieren.

GEBRATENE WACHTELBRUST MIT EINGELEGTEM PFIRSICH

Für 4 Personen | 30 Min. Zubereitung | 30 Min. Garzeit | 1 Std. Einweichzeit

Rezept von Karlheinz Hauser

FÜR DIE WACHTELN:
200 g französische Berglinsen (z. B. Le Puy)
2 Schalotten (in Würfeln)
80 g Butter
400 ml Geflügelbrühe (instant)
Salz • Pfeffer aus der Mühle
je 100 g Möhre, Lauch und Sellerie
2 Zweige Thymian
4 Zweige Rosmarin
100 ml alter Aceto balsamico
12 Wachtelbrustfilets
1 EL Olivenöl

FÜR DIE PFIRSICHE:
6 reife Pfirsiche
200 ml Rotwein
200 ml roter Portwein
50 ml alter Aceto balsamico
1 Zweig Thymian

FÜR DEN SALAT:
1 Kopf Frisée
1 Bund gemischte Wildkräuter
1 TL scharfer Senf
2 EL Weißweinessig
4 EL Olivenöl
Salz • Pfeffer aus der Mühle
Zucker

1. Die Linsen in einer Schüssel mit kaltem Wasser bedecken und darin 1 Stunde einweichen. Die Schalotten in einem Topf in 3 EL Butter andünsten. Die Linsen abtropfen lassen, dazugeben und mit andünsten. Die Brühe angießen und mit Salz und Pfeffer würzen. Die Linsen etwa 30 Minuten weich garen.

2. Die Möhre putzen und schälen, Lauch und Sellerie putzen und waschen. Alles in feine Würfel schneiden und in kochendem Wasser 2 Minuten blanchieren. Das Gemüse abtropfen lassen und zu den Linsen in den Topf geben. Die Kräuter waschen, trocken schütteln und die Blätter bzw. Nadeln abzupfen. Den Thymian und die Hälfte vom Rosmarin fein hacken. Die gehackten Kräuter mit dem Essig unter die Linsen mischen. Die Linsen-Gemüse-Mischung mit Salz und Pfeffer abschmecken.

3. Für die eingelegten Pfirsiche die Pfirsiche kreuzweise einritzen, überbrühen und häuten. Die Pfirsiche halbieren und entsteinen. In einem Topf Rotwein, Portwein und Essig leicht einkochen. Die Pfirsichhälften und den Thymian hinzufügen und bei schwacher Hitze darin ziehen lassen.

4. Für den Salat den Frisée und die Wildkräuter verlesen, waschen und trocken schütteln. Senf, Essig, Olivenöl, Salz, Pfeffer und 1 Prise Zucker zu einer Vinaigrette verrühren. Salat und Wildkräuter damit marinieren.

5. Die Wachtelbrustfilets waschen, trocken tupfen und mit Salz und Pfeffer würzen. Das Olivenöl in einer Pfanne erhitzen und die Filets darin rundum anbraten. Den restlichen Rosmarin und die restliche Butter dazugeben, die Temperatur reduzieren und das Fleisch in der Pfanne gar ziehen lassen. Die Wachtelbrustfilets auf Tellern mit den Linsen, den Pfirsichen und dem Salat anrichten und servieren.

GEPÖKELTE ENTENKEULE AUF DICKEN BOHNENKERNEN

Für 4 Personen | 30 Min. Zubereitung | 24 Std. Marinierzeit | ca. 2 Std. Garzeit

Rezept von Vincent Klink

FÜR DIE ENTENKEULEN:
4 Entenkeulen
1 EL Pökelsalz (vom Metzger)
1 TL Pfeffer aus der Mühle
1 TL geschrotete Fenchelsamen
2 Zwiebeln

FÜR DIE BOHNEN:
2 Tassen getrocknete dicke weiße Bohnenkerne
1 Zwiebel
1 Knoblauchzehe
3 EL Olivenöl
250 g Tomaten (in Würfeln, oder 250 g Dosentomaten)
2 EL Tomatenmark
ca. 1,5 l Gemüsebrühe (instant)
2 Zweige Rosmarin
1 EL Essig
Salz • Pfeffer aus der Mühle

1. Am Vortag die Entenkeulen waschen und trocken tupfen. Das Fleisch mit Pökelsalz, grob gemahlenem Pfeffer und Fenchelsamen einreiben und in Frischhaltefolie gewickelt 24 Stunden kühl gestellt reifen lassen. Die Bohnenkerne in der fünffachen Menge Wasser über Nacht einweichen.

2. Für die Bohnen am nächsten Tag die Zwiebel schälen und in grobe Würfel schneiden. Den Knoblauch schälen und leicht andrücken. Beides in einem Topf in 1 EL Olivenöl anrösten. Die Bohnen abtropfen lassen und hinzufügen. Die Tomaten und das Tomatenmark einrühren und mit Brühe auffüllen. Die Bohnen bei schwacher Hitze mindestens 1 Stunde garen.

3. Für die Entenkeulen den Backofen auf 180 °C vorheizen Die Entenkeulen auswickeln, in einem Schmortopf bei kleiner Hitze langsam anbraten und das Fett ausschmelzen lassen.

4. In der Zwischenzeit die Zwiebeln schälen und in Spalten schneiden. Sobald die Entenkeulen knusprig gebräunt sind, die Zwiebelspalten dazugeben. Das Fleisch im Ofen etwa 45 Minuten garen, dabei evtl. wenig Wasser angießen, damit am Topfboden nichts anbrennt.

5. Den Rosmarin waschen und trocken schütteln. Die Nadeln abzupfen, fein hacken und mit dem restlichen Öl und dem Essig unter die gegarten Bohnen mischen. Die Bohnen mit Salz und Pfeffer würzen. Befindet sich noch Brühe im Topf, den Deckel abnehmen und die Flüssigkeit bei starker Hitze einkochen.

6. Die Bohnenkerne auf Tellern anrichten, die Entenkeulen daraufgeben und servieren.

ENTENBRUSTFILET MIT GLÜHWEINJUS

Für 4 Personen | 30 Min. Zubereitung | ca. 20 Min. Garzeit

Rezept von Michael Kempf

ZUTATEN:

4 kleine Entenbrustfilets (mit Haut; à 150 g)
3 EL Rapsöl
400 ml Rotwein
200 ml Portwein
3 Gewürznelken
1 Zimtstange
4 tasmanische Pfefferkörner
Schale und Saft von 1 Bio-Orange
1 EL Speisestärke
1 Apfel (entkernt, in Würfeln)
2 EL gegarte Maronen
Salz
400 g Schwarzwurzeln
Saft von 1 Zitrone
Pfeffer aus der Mühle
1 EL gehackte Petersilie
2 EL Butter
1 EL Zucker
4 Scheiben Panettone (in Würfeln)

1. Den Backofen auf 120 °C vorheizen. Das Fleisch, falls nötig, von Sehnen und Silberhäuten befreien. Die Hautseiten sehr fein einschneiden und in einer Pfanne in 1 EL Rapsöl bei mittlerer Hitze langsam anbraten, bis sie schön kross sind. Wenden und die Fleischseiten bei starker Hitze kurz anbraten. Die Filets mit der Fleischseite nach unten auf ein Ofengitter setzen und im Ofen auf der mittleren Schiene 8 Minuten fertig garen, dabei ein tiefes Backblech unterschieben. Herausnehmen und die Ofentemperatur auf 65 °C reduzieren. Die Filets vor dem Anschneiden zugedeckt 5 Minuten im Ofen ruhen lassen.

2. Für die Glühweinjus Rot- und Portwein, Gewürznelken, Zimt, Pfeffer und Orangenschale und -saft in einem Topf auf ein Viertel der Flüssigkeit einkochen. Die Stärke mit 2 EL kaltem Wasser verrühren und unter die Jus rühren. Die Jus durch ein Sieb passieren und zurück in den Topf gießen. Die Apfelwürfel in einer heißen Pfanne ohne Fett anbraten. Die Maronen grob hacken und mit den Apfelwürfeln unter die Gewürzjus rühren. Die Jus mit Salz abschmecken.

3. Die Schwarzwurzeln unter fließendem kaltem Wasser gründlich abbürsten und schälen (am besten Einmalhandschuhe tragen). Die Schwarzwurzeln in etwa 5 cm lange Stücke schneiden, diese der Länge nach vierteln und im restlichen Öl anbraten. Mit etwas Zitronensaft, Salz und Pfeffer würzen. Die Petersilie kurz vor dem Servieren über die Schwarzwurzeln streuen.

4. Die Butter in einer Pfanne zerlassen und den Zucker darin mit etwas Salz karamellisieren. Die Panettonewürfel im Karamell kurz rösten. Die Schwarzwurzeln auf Tellern anrichten. Entenbrüste in Scheiben schneiden, mit Salz abschmecken und auf die Schwarzwurzeln legen. Die Sauce angießen und die Panettonewürfel dazu servieren.

ENTENBRUSTFILET IN ROTWEIN-ORANGEN-SAUCE

Für 2 Personen | 40 Min. Zubereitung | 1 Std. Garzeit

Rezept von Vincent Klink

ZUTATEN:
2 Schalotten
1 EL Butterschmalz
2 kleine Entenbrustfilets (mit Haut; à 150 g)
Salz • Pfeffer aus der Mühle
ca. 250 ml Rotwein
1 Bio-Orange
1 Bio-Zitrone
1 EL Rosinen
½ TL Zimtpulver
1 TL Mehlbutter (Mehl und weiche Butter zu gleichen Teilen gemischt)

1. Für das Entenbrustfilet die Schalotten schälen, in feine Würfel schneiden und in einem Schmortopf im Butterschmalz andünsten. Die Entenbrustfilets waschen und trocken tupfen, mit Salz und Pfeffer würzen und mit der Hautseite nach oben auf die Schalotten legen. So viel Rotwein angießen, dass das Fleisch mit Wein bedeckt ist, die Haut jedoch nicht. Die Entenbrustfilets zugedeckt bei mittlerer Hitze etwa 30 Minuten köcheln lassen. Dabei sollte immer genügend Flüssigkeit im Topf sein, evtl. noch etwas Wein nachgießen.

2. Die Orange und die Zitrone heiß waschen und trocken reiben. Je ½ TL Schale abreiben. Die Zitrusfrüchte so großzügig schälen, dass auch die weiße Haut mit entfernt wird. Die Filets zwischen den einzelnen Trennhäuten herausschneiden.

3. Nach 30 Minuten Schmorzeit die Orangen- und Zitronenschale, Rosinen, Zimt und 1 Msp. Pfeffer in den Topf geben. Alles zugedeckt weitere 15 Minuten köcheln lassen.

4. Wenn die Entenbrustfilets fertig gegart sind, das Fleisch herausnehmen, andernfalls nochmals etwa 15 Minuten zugedeckt köcheln lassen. Zum Prüfen eine Fleischgabel einstechen: Lässt sie sich leicht aus dem Fleisch ziehen, ist das Fleisch fertig.

5. Den Backofengrill einschalten. Die weich gegarten Filets aus dem Topf nehmen, mit der Hautseite nach oben auf ein Backblech legen und im Ofen knusprig braten.

6. Den Rotweinfond aus dem Schmortopf passieren, entfetten und im Topf nochmals aufkochen. Den Fond mit der Mehlbutter binden. Die Fruchtfilets unterrühren und die Sauce mit Salz und Pfeffer abschmecken. Die Entenbrustfilets mit der Sauce auf Tellern anrichten. Dazu passen Schupfnudeln.

GÄNSEKEULE MIT BIERGLASUR AUF NUSS-SPITZKOHL

Für 4 Personen | 40 Min. Zubereitung | 2 Std. Schmorzeit

Rezept von Michael Kempf

FÜR DIE GÄNSEKEULEN:
2 rote Zwiebeln
4 Gänsekeulen
2 EL Gänseschmalz
1 Möhre (geschält, in groben Stücken)
80 g Staudensellerie (in groben Stücken)
2 EL Ketchup
300 ml Porter-Bier (dunkles Bier mit malzigem Aroma)
200 ml Geflügelbrühe (instant)
3 Zweige Beifuß
Salz • Pfeffer aus der Mühle
1 EL Honig
2 EL gesalzene, kalte Butter (in Würfeln)

FÜR DEN SPITZKOHL:
1 EL grob gehackte Walnusskerne
1 Kopf Spitzkohl
2 Schalotten (in Würfeln)
1 Knoblauchzehe (in Würfeln)
2 EL Rapsöl
Salz
5 g frisch geriebener Ingwer
weißer Pfeffer aus der Mühle

1. Für die Gänsekeulen den Backofen auf 160 °C vorheizen. Den Wurzelansatz der Zwiebeln entfernen und die Zwiebeln mit der Schale in Achtel schneiden.

2. Gänsekeulen waschen und trocken tupfen. Gänseschmalz in einem Bräter erhitzen und die Keulen darin anbraten. Dabei die Fleischseite nur kurz und die Fettseite länger anbraten, um das Fett auszulassen. Die Keulen aus dem Bräter nehmen.

3. Das Gemüse im Gänsefett kräftig anrösten. Ketchup dazugeben und unter Rühren mit anrösten. Mit 250 ml Bier und der Brühe ablöschen. Die Keulen und den Beifuß hinzufügen. Zugedeckt im Ofen etwa 2 Stunden schmoren. Den Schmortopf aus dem Ofen nehmen. Die Keulen erst abkühlen lassen, dann herausnehmen. Den Fond nochmals aufkochen und durch ein feines Sieb passieren. Den Fond bis zur gewünschten Konsistenz einkochen, dann mit Salz und Pfeffer abschmecken.

4. Für den Spitzkohl die Walnüsse in einer Pfanne ohne Fett anrösten. Die welken äußeren Blätter vom Spitzkohl ablösen. Den Kohl waschen und in sehr feine Streifen schneiden. Schalotten und Knoblauch in einer Pfanne im Rapsöl andünsten. Den Spitzkohl dazugeben, mit Salz würzen und 2 Minuten bissfest andünsten. Den Ingwer zum Kohl geben. Mit Pfeffer abschmecken und die Nüsse untermischen.

5. Den Backofengrill einschalten. Das restliche Bier mit etwas Salz und dem Honig verrühren. Die Gänsekeulen auf ein Ofengitter setzen (tiefes Backblech unterschieben), mit der Bierglasur einpinseln und knusprig rösten. Dabei immer wieder mit der Glasur bestreichen, sodass die Haut schön kross wird. Kurz vor dem Servieren die Butter mit einem Schneebesen in die Sauce rühren. Gänsekeulen mit Spitzkohl und Sauce servieren.

KUNSTWERKE AUF DEM TELLER

Die Sauce ist traumhaft cremig. Die Kruste ist goldgelb und knusprig. Das Gemüse ist in Bestform. Die Beilage und das Dessert sind perfekt portioniert. Mit den richtigen Helfern ist der Gourmetteller ganz leicht gemacht!

STIELKASSEROLLE

Der kleine Stieltopf mit hohem Rand ist eine gute Alternative zu der Profi-Sauteuse und eignet sich besonders gut zum Kurzbraten oder zum im Fett Schwenken. Auch Saucen lassen sich bestens in ihm zubereiten.

FLAMMBIERGERÄT

Das kleine Gerät kann zum Karamellisieren, Bräunen, Gratinieren, Überkrusten oder Häuten unterschiedlicher Zutaten eingesetzt werden. Die Flamme lässt sich stufenlos bis zu einer maximalen Temperatur von ca. 1300 °C einstellen und wird mit handelsüblichem Feuerzeuggas betrieben.

SPIRALSCHNEIDER

Damit lassen sich Gemüsenudeln optimal herstellen. Der Spiralschneider sollte vor allem ein scharfes und robustes Messer haben, um auch härtere Gemüsesorten zu feinen Streifen verarbeiten zu können.

ANRICHTRINGE

Sie eignen sich optimal zum Anrichten von Beilagen oder Desserts und gehören in der gehobenen Küche zur Basisausstattung. Sie sind in verschiedenen Größen erhältlich und unterstützen beim perfekten Portionieren.

KUGELAUSSTECHER

Mit diesem Spezialmesser lassen sich Obst und Gemüse kugelförmig ausschneiden, was vor allem beliebt ist für Dekorationen. Auch bekannt als Pariser Messer, weil es zur Zubereitung der Pommes parisienne (Kartoffelkugeln) benutzt wird.

FISCH & MEERES-FRÜCHTE

Schätze aus dem Meer stehen in der gehobenen Küche in jeglicher Form und Sorte auf der Speisekarte. Egal wie, sie sind stets ein Genuss.

CONFIERTER LACHS AUF FENCHEL-WEISSWEIN-SAUCE

Für 4 Personen | 40 Min. Zubereitung | ca. 2 Std. Kühlzeit | ca. 20 Min. Garzeit

Rezept von Michael Kempf

ZUTATEN:
1 Baguette-Brötchen
4 EL Olivenöl
grobes Meersalz
1 EL Senfsaat
600 g Lachsfilet (mit Haut)
100 g gesalzene Butter
1 Zweig Thymian
2 Schalotten (in Würfeln)
200 ml Weißwein
100 ml Wermut
200 ml Fischfond (aus dem Glas)
1 Lorbeerblatt
1 Msp. Safranfäden
Pfeffer aus der Mühle
2 Fenchelknollen
4 grüne Oliven (ohne Stein)
1 EL gehackte Petersilie
4 TL Lachskaviar

1. Das Brötchen etwa 2 Stunden ins Tiefkühlfach legen. Backofen auf 160 °C Umluft vorheizen. Brötchen in sehr dünne Scheiben schneiden und die Brotscheiben auf ein mit Backpapier belegtes Backblech legen. Mit 2 EL Olivenöl bepinseln und mit Meersalz bestreuen. Brotscheiben im Ofen etwa 5 Minuten knusprig backen, herausnehmen und auskühlen lassen.

2. Backofentemperatur auf 70 °C Umluft reduzieren. Die Senfsaat in einem Topf in reichlich Wasser weich garen, in ein Sieb abgießen und abtropfen lassen.

3. Das Lachsfilet enthäuten und entgräten. Den Lachs waschen und trocken tupfen, in 4 Portionen teilen und in eine Auflaufform legen. Die Butter in einem Topf bräunen und über den Fisch träufeln. Den Thymian waschen, trocken schütteln und auf den Fisch legen. Den Fisch im Ofen 15 bis 18 Minuten glasig garen und anschließend mit Meersalz würzen.

4. Die Schalotten mit Wein, Wermut, Fond, Lorbeerblatt, Senfsaat und Safran in einem Topf auf 300 ml einkochen und mit Meersalz und Pfeffer abschmecken. Fenchel putzen und waschen und in feine Würfel schneiden, dabei das Grün beiseitelegen und fein schneiden. Die Oliven fein hacken.

5. In einer Pfanne das restliche Olivenöl erhitzen, den Fenchel darin kurz anbraten und mit Meersalz würzen. Den Fenchel in die Sauce geben, mit Meersalz und Pfeffer abschmecken. Petersilie und Fenchelgrün untermischen.

6. Die Fenchelsauce in vorgewärmten tiefen Tellern verteilen und den Lachs darauf anrichten. Die Baguettescheiben grob zerbröseln, mit Oliven und Lachskaviar auf den Lachsstücken verteilen und alles sofort servieren.

TISCHLEIN, DECK DICH!

Spätestens seit „Pretty Woman“ wissen wir, dass kein Grund zur Panik besteht, wenn man an einer festlich gedeckten Tafel Platz nimmt. Das Gedeck folgt stets einer festen Regel: Was mit der rechten Hand benutzt wird, liegt rechts, das Gleiche gilt für die linke Hand. Das Besteck, das zuerst benötigt wird, liegt ganz außen, sodass der Gast sich von außen nach innen vorarbeiten kann. Ebenso verhält es sich bei den Gläsern: Eingedeckt wird in der Reihenfolge der servierten Weine von rechts nach links.

Dessertbesteck
Rotweinglas
Weißweinglas
Wasserglas
Messer für den Hauptgang
Messer für die Vorspeise
Suppenlöffel

POCHIERTE FORELLE MIT MISOCREME

Für 4 Personen | 40 Min. Zubereitung
35 Min. Garzeit | 10 Min. Ziehzeit
Rezept von Michael Kempf

FÜR DIE FORELLE:
500 g Forellenfilet (mit Haut)
Meersalz • Pfeffer aus der Mühle
1 Zweig Thymian
100 g gebräunte Butter
etwas Kresse und Minzeblätter

FÜR DIE EMULSION:
1 Salatgurke
200 g Staudensellerie
2 Äpfel (z.B. Granny Smith)
½ Blatt Gelatine
2 Zweige glatte Petersilie
2 g Agar Agar
50 ml Apfelsaft
Piment d`Espelette
Räuchersalz
1 EL Olivenöl
10 g Ingwer (geschält, in feinen Würfeln)
100 g gekochte Erbsen
Meersalz • Pfeffer aus der Mühle

FÜR DIE MISOCREME:
200 g mehligkochende Kartoffeln
ca. 150 g Sahne
50 g gebräunte Butter
1 EL Misopaste (aus dem Asialaden)
Meersalz

1. Für die Forelle den Backofen auf 75 °C Umluft vorheizen. Das Filet von der Haut lösen und entgräten, in eine Auflaufform legen und mit Meersalz und Pfeffer würzen. Thymian waschen, trocken schütteln und dazulegen. Die Butter über den Fisch träufeln. Den Fisch im Ofen etwa 15 Minuten glasig garen.

2. Für die Emulsion Gurke waschen und quer halbieren. Eine Hälfte schälen und in Würfel schneiden, dabei die Schale und die Abschnitte aufheben. Sellerie putzen und waschen, die Hälfte davon in gleich große Würfel wie die Gurke schneiden. Äpfel waschen, schälen, entkernen und in Würfel schneiden. Dabei die Schalen aufheben. Gelatine in kaltem Wasser einweichen. Petersilie waschen und trocken schütteln. Mit den Gurken- und Apfelschalen und dem restlichen Gemüse entsaften und durch ein feines Sieb passieren. Gelatine gut ausdrücken, mit Agar Agar und Apfelsaft in einem Topf aufkochen, dann rasch unter den Saft mischen. Mit 1 Prise Piment d´Espelette und Räuchersalz würzen. Olivenöl, Apfel-, Gurken- und Selleriewürfel, Ingwer und Erbsen mit in den Topf geben und 10 Minuten ziehen lassen. Mit Meersalz und Pfeffer abschmecken.

3. Für die Misocreme Kartoffeln mit der Schale etwa 20 Minuten weich garen, abgießen und ausdampfen lassen. Heiß pellen und durch die Kartoffelpresse drücken. Sahne und Butter hinzufügen und glatt verrühren. Das Püree mit Misopaste (Achtung, salzig!) und Meersalz abschmecken. Die Creme nochmals erhitzen und mit Fisch, etwas Butter aus der Form und der Emulsion anrichten und mit den Kräutern garnieren.

LACHSFORELLE AUF GELBE-BETE-KOMPOTT

Für 4 Personen | 45 Min. Zubereitung
35 Min. Garzeit
Rezept von Michael Kempf

ZUTATEN:
1 Lachsforelle (küchenfertig; ca. 1,2 kg)
8 Stängel Zitronengras
4 Schalotten (in feinen Würfeln)
1 Knoblauchzehe (in Würfeln)
180 g Butter
1 TL mildes Currypulver
200 ml Weißwein
200 ml Fischfond (oder Gemüsebrühe)
8 fein geschnittene Kaffir-Limettenblätter (aus dem Asialaden)
Saft und Schale von 1 Bio-Limette
100 ml Kokosmilch
1 kg Gelbe Bete
40 g Ingwer (in Würfeln)
6 geröstete und zermahlene Korianderkörner
Saft und Schale von 1 Bio-Zitrone
Meersalz
2 EL fein geschnittene Korianderblätter
1 TL geröstete und zermahlene Senfsaat
6 Pfefferkörner
3 Zweige Thymian
1 EL geröstete, gesalzene und gehackte Erdnüsse
4 TL Lachsforellenkaviar

1. Den Fisch waschen und trocken tupfen, filetieren, entgräten, portionieren und kühl stellen. Für die Sauce Zitronengras putzen und fein hacken. Die Hälfte der Schalotten, Knoblauch und Zitronengras in 1 EL Butter andünsten und mit Currypulver bestäuben. Den Wein und den Fond angießen und die Flüssigkeit auf die Hälfte einkochen. Kaffir-Limettenblätter mit Limettensaft und -schale zur Sauce geben. Kokosmilch unterrühren und die Sauce bei schwacher Hitze 20 Minuten ziehen lassen. Dann durch ein Sieb gießen und abschmecken.

2. Gelbe Beten putzen und schälen, 350 g davon entsaften, den Rest in feine Würfel schneiden. Die übrigen Schalotten und den Ingwer mit den Beten und Korianderkörnern in 2 EL Butter andünsten. Den Saft dazugießen und sämig einkochen. Kurz vor dem Servieren die Gelben Beten mit etwas Zitronenschale, -saft und Meersalz würzen. Korianderblätter untermischen.

3. Backofen auf 70 °C Umluft vorheizen. In einem Topf restliche Butter zerlassen und mit Senfsaat und Pfefferkörnern bräunen. Den Thymian waschen, trocken schütteln und mit dem Filet in eine Auflaufform geben. Die Würzbutter darüberträufeln und den Fisch im Ofen 12 bis 15 Minuten confieren.

4. Die Gelben Beten in tiefen Tellern anrichten und Erdnüsse darüberstreuen. Den Fisch mit Meersalz würzen und auf dem Gemüse anrichten. Mit etwas Würzbutter aus der Form beträufeln und je 1 TL Kaviar daraufgeben. Die Sauce aufschäumen, um das Gelbe-Bete-Kompott gießen und servieren.

MICHAEL KEMPF – DER PURIST UNTER DEN KÖCHEN

Der Berufswunsch Koch stand für ihn von Anfang an fest. Dass diese Entscheidung die richtige war, bestätigen zahlreiche Auszeichnungen und eine ständig wachsende Fangemeinde.

Steckbrief

Geboren: 1977 in Sigmaringen
Beruf: Küchendirektor
Motto: Puristische Küche mit fulminanten Aromen
Restaurant: Gourmet-Restaurant Facil im The Mandala Hotel, Berlin
Auszeichnungen: u.a. 2 Sterne im Guide Michelin

Auf zu den Sternen

Alles begann mit einer Schwarzwälder-Kirsch-Torte. Um das Rezept seiner Großmutter im heimischen Sigmaringen nachzubacken, zog es den kleinen Michael Kempf zum ersten Mal in die Küche. Dort blieb er dann auch, denn dieser Ort stellte sich als das passende Umfeld heraus, um sein Talent auszuleben. Womit der Grundstein für die Karriere gelegt war – mit Sahnehäubchen sozusagen. Die Basis für sein Handwerk hat Michael Kempf im Hotel Kleber Post in Saulgau gelernt, und zwar von der Pike auf. Die Produkte wurden von regionalen Anbietern bezogen, Fisch und Fleisch mussten nicht selten erst mal küchenfertig aufbereitet werden. Michael Kempf packte mit an und lernte, gute Qualität zu erkennen und zu schätzen. Seine Vorliebe für eine klare und schnörkellose Küche, die zwar weltoffen, aber dennoch immer der Region verbunden bleibt, dürfte hier stark geprägt worden sein.

„Ich will meine Gäste positiv überraschen. Ein Besuch bei mir soll noch lange im Kopf und auf der Zunge bleiben."

Seine nächste Station führte ihn 1997 ins Wald- und Schlosshotel Friedrichsruh zu Lothar Eiermann, wo er als Poissonier seinem Können französische Raffinesse verleihen konnte. Von 1999 bis 2001 lernte er bei André Jaeger in der Schweiz im Restaurant Fischzunft, bevor er schließlich bei Dieter Müller im Schlosshotel Lerbach ankam, als Entremetier und Saucier. Diese Zeit in Bergisch Gladbach mehrte nicht nur seine Fähigkeiten als Koch, sondern formte vor allem die als Mensch: Dass die Arbeit in der (gehobenen) Gastronomie kein Zuckerschlecken ist

Küchenchef Joachim Gerner hält Kempf jederzeit den Rücken frei, damit er zum ARD Buffet nach Baden-Baden reisen kann.

und der Umgang miteinander – gelinde gesagt – rau sein kann, erfuhr Michael Kempf im Laufe der Jahre am eigenen Leib. Zu lernen, wie ein Chef ungleich besser mit der hohen Belastung umgehen kann, wie Probleme besprochen und geklärt werden können, ohne dabei die Stimme zu erheben, rüstete ihn endgültig dafür, sein eigener Chef zu werden.

Mittlerweile hat Michael Kempf seinen Platz hoch oben am kulinarischen Firmament gefunden: Sein Restaurant liegt nämlich im fünften Stock am Potsdamer Platz, mit herrlich unverstelltem Blick auf Berlin. Im Frühjahr 2003 übernahm er das Facil im Designhotel The Mandala, und zwar so erfolgreich, dass er mit seinem Team noch im gleichen Jahr seinen ersten Stern verliehen bekam. Seit 2013 krönt das Restaurant noch ein zweiter Stern, womit Michael Kempf als einer der jüngsten Sterneköche Deutschlands endgültig ganz oben angekommen ist – auch ohne Fahrstuhl.

Modernität und Teamgeist

Klarheit ist ein zentraler Begriff, wenn man Michael Kempfs Stil beschreibt, Purismus, Intensität und Kontrast sind weitere. Einengen lässt er sich bei der Kreation seiner Menüs nicht, im Gegenteil. Man merkt seinen Gerichten an, mit welcher Freude er scheinbar Unvereinbares zusammenführt, wie er sich aus dem reichen Zutaten- und Aromenschatz der Weltküche bedient und nonchalant eine Verbindung zur eigenen Heimat schafft.

So modern, wie er kocht, agiert er auch als Chef: Als absoluten Teamplayer interessiert ihn bei der Menüentwicklung stets die Meinung seiner Kollegen, wie die vom langjährigen Küchenchef Joachim Gerner. Trotz aller Gesprächsbereitschaft und allem kollegialen Austausch: Manche Idee entspringt einfach in der Ruhe. Die findet Michael Kempf beim Joggen in seiner Pause. Um danach wieder frisch ans Werk zu gehen.

GANZ PRIVAT

WIE VERMITTELN SIE IHREN KINDERN DIE LUST AN GUTEM ESSEN?

„Sie bekommen von Anfang an sämtliche Aromen mit. Dies hat schon beim Breifüttern begonnen und wurde so beibehalten. Essen darf niemals ein Zwang sein! Nur so erst kann die Lust darauf entstehen."

SPECKZANDER AUF WURZELGEMÜSEPÜREE

Für 4 Personen | 30 Min. Zubereitung | 20 Min. Garzeit

Rezept von Vincent Klink

ZUTATEN:
500 g Petersilienwurzeln
300 g Pastinaken
3 EL Butterschmalz
Salz
Zucker
300 ml Gemüsebrühe (instant)
80 g Sahne
600 g Zanderfilet (ohne Haut)
Pfeffer aus der Mühle
8 hauchdünn aufgeschnittene Scheiben Bauchspeck
2 EL Mehl
1 Ei
50 g Lauch
2 EL Butter (davon 1 EL gut gekühlt)
250 ml Fischfond (z. B. aus dem Glas)
frisch geriebene Muskatnuss

1. Petersilienwurzeln und Pastinaken putzen, schälen, gründlich waschen und in gleichmäßige Würfel schneiden. In einem Topf 1 EL Butterschmalz erhitzen und die Gemüsewürfel darin andünsten. Mit Salz und 1 Prise Zucker würzen. Die Brühe und die Sahne angießen und aufkochen. Die Gemüsewürfel zugedeckt bei schwacher Hitze etwa 20 Minuten weich garen.

2. In der Zwischenzeit das Zanderfilet waschen, trocken tupfen und in 8 Stücke von etwa 3 × 5 cm schneiden. Die Zanderstücke mit Pfeffer und leicht mit Salz würzen, dann mit jeweils 1 Speckscheibe umwickeln.

3. Die Zanderstücke im Mehl wenden, überschüssiges Mehl abklopfen. Dann durch das verquirlte Ei ziehen. In einer Pfanne das restliche Butterschmalz erhitzen und die Fischstücke darin bei mittlerer Hitze auf jeder Seite goldbraun braten. Die Pfanne vom Herd nehmen und die Zanderstücke zugedeckt 5 Minuten ziehen lassen.

4. Den Lauch putzen, waschen, abtropfen lassen und in feine Würfel schneiden. In einer Pfanne 1 EL Butter erhitzen und die Lauchwürfel darin andünsten. Mit Fischfond ablöschen und die Flüssigkeit auf etwa die Hälfte einkochen. Die kalte Butter unter die Sauce rühren und den Bratensaft aus der Fischpfanne dazugeben. Die Sauce mit Salz und Pfeffer abschmecken.

5. Die Gemüsewürfel mit dem Stabmixer im verbliebenen Kochfond fein pürieren. Das Püree mit Muskat, Pfeffer und etwas Salz abschmecken.

6. Die Zanderstückchen auf vorgewärmte Teller verteilen, etwas von der Sauce angießen und das Wurzelgemüsepüree dazu reichen. Die übrige Sauce dazu servieren.

WOLFSBARSCH MIT AVOCADO UND GURKENSCHAUM

Für 4 Personen | 40 Min. Zubereitung | 10 Min. Einweichzeit

Rezept von Karlheinz Hauser

ZUTATEN:
1 ½ Blatt Gelatine
500 g Salatgurke
250 g Naturjoghurt
Wasabipulver
Salz • Pfeffer aus der Mühle
0,8 g Xanthanpulver (Geliermittel; aus dem Reformhaus)
2 reife Avocados
Saft von 1 Zitrone
1 Zweig Rosmarin
1 Zweig Thymian
1 Wolfsbarsch (küchenfertig; ca. 1,5 kg)
2 EL Olivenöl
4 EL Butter

1. Gelatine in kaltem Wasser 10 Minuten einweichen. Gurke putzen, schälen und entkernen. 250 g Gurke in kleine Würfel schneiden. Den Rest mit einem Spiralschneider in lange dünne Gemüsespaghetti schneiden. 2 EL Joghurt in einem Topf erwärmen. Gelatine gut ausdrücken und im Joghurt auflösen. Gurkenwürfel mit dem restlichen Joghurt, Wasabipulver und etwas Salz und Pfeffer mit dem Stabmixer fein pürieren. Das Püree durch ein feines Sieb passieren und die im Joghurt aufgelöste Gelatine und Xanthan unterrühren. Die Masse in eine Siphonflasche abfüllen und kühl stellen.

2. Avocados halbieren, entkernen und schälen. Das Fruchtfleisch herauslösen. Mit einem Kugelausstecher etwa 12 Kugeln ausstechen und diese mit etwas Zitronensaft, Salz und Pfeffer würzen. Restliche Avocado mit einer Gabel zerdrücken und mit Salz, etwas Zitronensaft und Pfeffer abschmecken.

3. Kräuter waschen und trocken schütteln. Wolfsbarsch filetieren und entgräten. Aus den Filets gleichmäßige Tranchen schneiden und die Haut leicht einschneiden. Mit Salz und Pfeffer würzen. In einer Pfanne Olivenöl erhitzen und den Fisch darin auf der Hautseite knusprig braten. Die Hälfte der Butter und die Kräuter dazugeben. Dabei die Fleischseite immer wieder mit dem Bratfett beträufeln. Auf diese Weise glasig garen.

4. In einer weiteren Pfanne die restliche Butter zerlassen. Die Gurkenspiralen hineingeben und bei mittlerer Hitze darin dünsten, mit Salz und Pfeffer würzen. Zum Anrichten etwas Avocadocreme mithilfe eines Anrichterings auf der Tellermitte verteilen. Dann den Ring vorsichtig abziehen. Die Gurkenspiralen daraufgeben und die Avocadokugeln darum herum verteilen. Den Fisch auf die Gurkenspiralen setzen und zuletzt den kalten Joghurtschaum aufsprühen. Sofort servieren.

Noch hübscher und leckerer wird es, wenn man einen Wildkräutersalat dazu serviert. Dafür 80 g Wildkräutersalat waschen und trocken schütteln. Etwas Zitronensaft mit 2 EL Olivenöl vermischen, mit Salz, Pfeffer und 1 Prise Zucker abschmecken und den Salat kurz vor dem Servieren damit marinieren.

SAIBLING IN KARDAMOM-NUSSBUTTER MIT BLUMENKOHL

Für 4 Personen | 1 Std. Zubereitung | 18 Min. Garzeit
Rezept von Jörg Sackmann

FÜR FISCH UND BLUMENKOHL:
600 g Saiblingsfilet (ohne Haut)
Salz
weißer Pfeffer aus der Mühle
100 g flüssige Butter
500 g Blumenkohl
600 ml Milch
4 EL kalte Butter
2 EL fein geschnittene Korianderblätter
Cayennepfeffer
Zucker
1 EL Olivenöl

FÜR DIE KARDAMON-NUSS-BUTTER:
250 ml Geflügelbrühe
2 TL gemahlener Kardamom
3 EL gebräunte Butter
2 Bio-Limetten
2 milde Chilischoten
Salz
Cayennepfeffer
1 Beet Erbsensprossen oder Kresse
3 EL geröstete Pinienkerne

1. Für den Fisch den Backofen auf 70 °C vorheizen. Saiblingfilets waschen, trocken tupfen und in 4 Stücke schneiden. Mit Salz und Pfeffer würzen und mit der Butter bestreichen. Den Fisch in eine Auflaufform legen, diese mit hitzebeständiger Klarsichtfolie bedecken und im Ofen etwa 18 Minuten glasig garen.

2. Blumenkohl putzen, waschen und in Röschen teilen. Blumenkohlstiele in feine Scheiben schneiden. Die Blumenkohlröschen in der Milch weich garen und herausnehmen. Die Milch etwas einkochen, mit Butter abbinden und den Koriander unterrühren. Die Blumenkohlröschen wieder in die Sauce geben und mit Salz, Cayennepfeffer und 1 Prise Zucker abschmecken. Das Olivenöl in einer Pfanne erhitzen und die Blumenkohlscheiben darin anbraten, mit Salz und Pfeffer würzen.

3. Für die Kardamom-Nussbutter die Brühe mit dem Kardamon in einem Topf aufkochen und zur Hälfte einkochen. Die Butter unterrühren, mit dem Stabmixer aufschäumen und durch ein feines Sieb passieren. Die Limetten waschen und trocken reiben. Jeweils die Schale abreiben, die Limetten halbieren und die Fruchtfilets zwischen den einzelnen Trennhäuten herausschneiden. Die Chilischoten längs halbieren, entkernen, waschen und in feine Würfel schneiden.

4. Limettenfilets, -schale und Chili unter die Nussbutter mischen und mit Salz und Cayennepfeffer würzen. Die Erbsensprossen vom Beet abschneiden, waschen und trocken schütteln.

5. Die Saiblingsfilets auf Tellern anrichten und mit der Kardamom-Nussbutter beträufeln. Die Pinienkerne darüberstreuen, die Blumenkohlröschen und gebratenen Blumenkohlstiele dazugeben. Mit den Erbsensprossen garniert servieren.

HERING MIT WILDREIS-SALAT

Für 4 Personen | 45 Min. Zubereitung
12 Std. Marinierzeit

Rezept von Michael Kempf

FÜR DEN HERING:
500 g Heringsfilet (Sushi-Qualität; mit Haut)
3 EL Ponzusauce (japanische Würzsauce, aus dem Asialaden)
grobes Meersalz
1 TL Bio-Limettenschale

FÜR DEN WILDREISSALAT:
100 g Wildreis
Salz
1 Schalotte
2 EL Balsamico bianco
2 EL Rapsöl
Ras-el-Hanout (marokkanische Gewürzmischung)
Saft und Schale von 1 Bio-Limette

FÜR DEN KÜRBIS:
400 g Hokkaidokürbis • Salz
½ EL geröstetes Sesamöl
2 EL Rapsöl
2 EL Estragonessig
etwas Ras-el-Hanout (marokkanische Gewürzmischung)
etwas Honig

FÜR DEN GEWÜRZJOGHURT:
60 g Naturjoghurt
2 TL Tahin (Sesampaste) • Salz

1. Am Vortag das Heringsfilet gründlich kalt waschen, trocken tupfen, vierteln und in eine flache Plastikbox legen. Die Ponzusauce darüberträufeln, die Box verschließen und den Fisch mindestens 12 Stunden kühl gestellt marinieren.

2. Am nächsten Tag für den Wildreissalat den Wildreis in einem Sieb gründlich abspülen und nach Packungsanweisung garen. Die Schalotte schälen und in feine Würfel schneiden. Die Schalottenwürfel mit Essig und Öl verrühren und mit Ras-el-Hanout, Salz und Limettensaft sowie -schale abschmecken. Den Wildreis in ein Sieb abgießen, abtropfen lassen und unter die Vinaigrette mischen. Mindestens 10 Minuten durchziehen lassen, dann nochmals abschmecken.

3. Inzwischen den Kürbis waschen, trocken reiben (nicht schälen!) und mit einem Sparschäler in feine Streifen hobeln. Für die Marinade die restlichen Zutaten verrühren und die Kürbisstreifen darin etwa 15 Minuten marinieren. Herausnehmen, gut abtropfen lassen und auf dem Reissalat anrichten.

4. Den Fisch aus der Marinade nehmen und trocken tupfen. Die Filets mit der Hautseite nach oben auf einen Teller legen und mit einem Gourmet-Flambierbrenner kurz abflämmen. Mit Meersalz und Limettenschale würzen. Für den Gewürzjoghurt Joghurt und Tahin verrühren und mit Salz abschmecken. Den Wildreissalat mit dem Hering anrichten und den Gewürzjoghurt in Nocken dazu servieren.

PANNFISCH VOM STEINBUTT MIT CHAMPAGNER-SENF-SAUCE

Für 4 Personen | 45 Min. Zubereitung
15 Min. Garzeit
Rezept von Karlheinz Hauser

ZUTATEN:
2 festkochende Kartoffeln (geschält, in kleinen Würfeln)
8 Frühlingszwiebeln (in Ringen)
Salz
4 Steinbuttfilets (ohne Haut; à 160 g)
4 EL kalte Butter
50 ml Weißwein
650 ml Fischfond (aus dem Glas)
3 Lorbeerblätter
100 ml Champagner (oder Sekt)
50 ml trockener Wermut
50 ml weißer Portwein
150 g Sahne
1 TL scharfer Senf
Zitronensaft
Zitronenpfeffer
4 Scheiben Frühstücksspeck (in Würfeln)
2 EL Öl
2 Schalotten (in dünnen Scheiben)
1–2 EL Mehl
300 g Frittierfett
2 EL Crème fraîche
Pfeffer aus der Mühle
Zucker

1. Kartoffelwürfel und Frühlingszwiebeln nacheinander in kochendem Salzwasser 2 Minuten blanchieren, in ein Sieb abgießen, kalt abschrecken und abtropfen lassen. Den Backofen auf 140 °C vorheizen. Fischfilets waschen und trocken tupfen. In einer Schmorpfanne 1 EL Butter zerlassen und die Fischfilets hineinlegen. Weißwein und 150 ml Fond angießen, 2 Lorbeerblätter hinzufügen. Fisch im Ofen etwa 15 Minuten garen.

2. Für die Sauce restlichen Fond mit Champagner, Wermut, Portwein und 1 Lorbeerblatt in einem Topf erhitzen und auf die Hälfte einkochen. Die Sahne hinzufügen und erneut um etwas mehr als die Hälfte einkochen. Lorbeerblatt aus der Sauce entfernen und die Sauce mit Senf, etwas Zitronensaft, Salz und Zitronenpfeffer abschmecken.

3. Den Speck in einer Pfanne knusprig braten. Die Kartoffelwürfel in einer Pfanne im Öl braten. Die Schalottenscheiben mit dem Mehl bestäuben und in einem Topf im heißen Fett frittieren. Herausnehmen und auf Küchenkrepp abtropfen lassen.

4. 2 EL kalte Butter unter die Sauce mixen und Crème fraîche unterheben. Frühlingszwiebeln in einer Pfanne in der restlichen Butter erwärmen und mit Salz, Pfeffer und 1 Prise Zucker würzen. Fisch mit Zitronenpfeffer und Salz würzen. Mit Frühlingszwiebeln, Kartoffelwürfeln, frittierten Schalotten und Speck anrichten. Die Sauce angießen und servieren.

GEBRATENE GAMBAS AUF SÜSS-SAUREM POMELOSALAT

Für 4 Personen | 30 Min. Zubereitung | ca. 5 Min. Garzeit

Rezept von Karlheinz Hauser

FÜR DEN POMELOSALAT:
2 Pomelos
1 Grapefruit
4 EL Erdnussöl
2 TL Sesamöl
1 rote Zwiebel
½ Bund Frühlingszwiebeln
1 große milde Chilischote
16 Cocktailtomaten
12 Radieschen
½ Bund Thaibasilikum
½ Bund Koriander
150 g geröstete Erdnüsse
Sojasauce
Chili-Chicken-Sauce
(aus dem Asialaden)
Reisessig (aus dem Asialaden)
Salz • Pfeffer aus der Mühle
Zucker

FÜR DIE GAMBAS:
1 Knoblauchzehe
2 Zweige Rosmarin
2 Zweige Thymian
12 Riesengarnelen
(ohne Kopf und Schale)
2 EL Olivenöl
Salz • Pfeffer aus der Mühle
2 EL Butter
Limettensaft
1 TL rote Chiliflakes

1. Für den Salat Pomelos und Grapefruit so großzügig schälen, dass auch die weiße Haut mit entfernt wird. Die Filets zwischen den einzelnen Trennhäuten herausschneiden und mit dem Erdnuss- und Sesamöl in einer Schüssel mischen.

2. Die Zwiebel schälen und in feine Streifen schneiden. Die Frühlingszwiebeln putzen, waschen und in feine Ringe schneiden. Die Chilischote längs halbieren, entkernen, waschen und fein hacken. Die Cocktailtomaten waschen und halbieren. Die Radieschen putzen, waschen und in feine Scheiben schneiden. Thaibasilikum und Koriander waschen und trocken schütteln, die Blättchen abzupfen und grob hacken.

3. Zwei Drittel der Erdnüsse, die Kräuter (bis auf etwas Basilikum), Tomaten, Zwiebel, Frühlingszwiebeln, Chili und Radieschen unter die Fruchtfilets mischen. Den Pomelosalat mit etwas Sojasauce, Chili-Chicken-Sauce, Reisessig, Salz, 1 Prise Pfeffer und Zucker abschmecken.

4. Für die Gambas den Knoblauch schälen und etwas andrücken. Rosmarin und Thymian waschen und trocken schütteln. Die Gambas abbrausen und auf Küchenpapier abtropfen lassen. Das Olivenöl in einer Pfanne erhitzen und die Gambas darin bei mittlerer Hitze anbraten. Mit Salz und Pfeffer würzen. Butter, Rosmarin, Thymian und Knoblauch hinzufügen und leicht mit anbraten. Die Gambas mit etwas Limettensaft und Chiliflakes abschmecken.

5. Den Pomelosalat auf vier Tellern anrichten. Die Gambas darauflegen und die übrigen Erdnüsse darüberstreuen. Mit dem übrigen Thaibasilikum garnieren und mit etwas Erdnussöl beträufelt servieren.

SCHWARZWURZEL-RISOTTO MIT GARNELEN & ZITRUSFRÜCHTEN

Für 4 Personen | 45 Min. Zubereitung | 4–5 Std. Trockenzeit | 25 Min. Garzeit

Rezept von Jörg Sackmann

ZUTATEN:
1 Orange
1 Grapefruit
Puderzucker
Zitronensaft
150 g Schwarzwurzeln
400 ml Geflügelfond (aus dem Glas)
3 EL Olivenöl
1 kleine Zwiebel (in Würfeln)
200 g Risottoreis
50 ml Weißwein
100 ml Orangensaft
90 ml Grapefruitsaft
120 g kalte Butter (in Würfeln)
Meersalz • Pfeffer aus der Mühle
Piment d'Espelette
6–8 große Garnelen (ohne Kopf, mit Schale)
Limettensaft
30 g geriebener Parmesan

1. Den Backofen auf 80 °C vorheizen. Orange und Grapefruit so großzügig schälen, dass die weiße Haut mit entfernt wird. Die Filets zwischen den einzelnen Trennhäuten herausschneiden. Die Filets auf ein Backblech oder in eine Auflaufform legen, mit etwas Puderzucker bestäuben und im Ofen 4 bis 5 Stunden trocknen lassen. Dann in 1 cm große Stücke schneiden.

2. In einer Schüssel Wasser mit etwas Zitronensaft mischen. Schwarzwurzeln putzen, schälen und sofort ins vorbereitete Zitronenwasser legen. Die Schalen gründlich waschen und mit dem Fond aufkochen. Den Topf vom Herd nehmen, die Mischung 5 Minuten ziehen lassen, dann durch ein Sieb passieren. Den Fond warm halten.

3. Die Schwarzwurzeln in feine Scheiben schneiden. In einem Topf 2 EL Olivenöl erhitzen und Zwiebeln und Schwarzwurzeln darin andünsten. Den Reis dazugeben und andünsten, mit dem Wein ablöschen und einköcheln lassen. So viel vorbereiteten Fond angießen, dass der Reis bedeckt ist, und unter häufigem Rühren einköcheln lassen. Den Vorgang wiederholen, bis der Reis nach etwa 25 Minuten bissfest ist.

4. Die Säfte in einem Topf auf die Hälfte einkochen. 100 g Butter nach und nach unterrühren, bis eine cremige Sauce entsteht. Mit Salz, Pfeffer und Piment d'Espelette abschmecken.

5. Garnelen abbrausen und abtropfen lassen, schälen, am Rücken nicht zu tief einschneiden und den Darm entfernen. In einer Pfanne im restlichen Olivenöl kurz braten. Mit Salz, Piment d'Espelette und Limettensaft würzen. Kurz vor dem Servieren Parmesan mit der restlichen Butter unter das Risotto rühren und mit Salz, Pfeffer und Zitronensaft abschmecken. Risotto mit Garnelen und Zitrusfrüchten anrichten und servieren.

JAKOBS-MUSCHELN MIT SPINATSALAT

Für 4 Personen | 30 Min. Zubereitung | 4 Min. Garzeit
Rezept von Jörg Sackmann

ZUTATEN: 4 Bio-Limetten • 4 EL Olivenöl • Salz
Pfeffer aus der Mühle • Zucker • 200 g gehackte und geröstete Macadamianusskerne • 250 g junger Spinat
12 Jakobsmuscheln (ausgelöst und geputzt)
2 EL Crème fraîche

1. Die Limetten heiß waschen und trocken reiben. Die Schale abreiben und die Limetten großzügig schälen. Die Filets zwischen den einzelnen Trennhäuten herausschneiden, den austretenden Saft auffangen und den Rest der Limetten gut ausdrücken. Limettensaft und die Hälfte der Limettenschale mit der Hälfte des Olivenöls verrühren, mit Salz, Pfeffer und 1 Prise Zucker würzen. Die Macadamianüsse mit der restlichen Limettenschale und Salz würzen. Den Spinat verlesen und waschen, grobe Stiele entfernen. Den Spinat mit der Limettenvinaigrette beträufeln.

2. In einer Pfanne 1 EL Olivenöl erhitzen. Die Jakobsmuscheln darin auf jeder Seite 2 Minuten anbraten und mit Salz und Pfeffer würzen. Herausnehmen und warm stellen.

3. In derselben Pfanne Limettenfilets mit 1 Prise Zucker bestreuen, karamellisieren, mit Salz würzen und mit 1 EL Olivenöl abbinden. Crème fraîche verrühren und mit Salz, Pfeffer und 1 Prise Zucker abschmecken. Spinat und Muscheln auf Tellern anrichten. Mit Nüssen bestreuen, Limettenfilets über den Salat streuen und mit der Crème fraîche servieren.

MIESMUSCHELN IN FENCHEL-GEMÜSESUD MIT KÄSETOAST

Für 4 Personen | 45 Min. Zubereitung | 40 Min. Garzeit

Rezept von Jörg Sackmann

ZUTATEN:
10 Cocktailtomaten
Salz • Pfeffer aus der Mühle
Zucker
2 EL Olivenöl
½ Stange Lauch
2 Stangen Staudensellerie
1 Fenchelknolle
4 Scheiben Toastbrot
50 g Parmesan
100 g Chester (engl. Käse)
150 ml Weißwein
Currypulver
Piment d'Espelette
1 Eigelb
1 EL geschlagene Sahne
1,5 kg Miesmuscheln
1 Knoblauchzehe
2 Schalotten
100 ml trockener Wermut
1 Msp. Safranfäden
150 g Crème fraîche
1 Bund Basilikum
einige Chilifäden

1. Den Backofen auf 120 °C vorheizen. Die Tomaten waschen, halbieren und mit der Schnittfläche nach oben in eine Auflaufform setzen. Mit Salz, Pfeffer und 1 Prise Zucker würzen, 1 EL Olivenöl darüberträufeln und die Tomaten im Ofen etwa 40 Minuten antrocknen.

2. Das Gemüse putzen, waschen und in feine Streifen schneiden. Die Toastbrotscheiben rösten. Den Parmesan fein reiben. Den Chester in Würfel schneiden, mit 50 ml Wein, Curry und Piment d'Espelette in einem Topf erwärmen und unter Rühren schmelzen. Den Topf vom Herd nehmen und Eigelb, Parmesan und Sahne untermischen. Die Käsecreme auf den Toastbrotscheiben verteilen.

3. Die Muscheln unter fließendem kaltem Wasser gründlich abbürsten und die Bärte der Muscheln entfernen. Geöffnete Muscheln aussortieren. Knoblauch und Schalotten schälen, beides in feine Würfel schneiden und im restlichen Olivenöl andünsten. Mit dem restlichen Wein und dem Wermut ablöschen und auf die Hälfte einkochen. Gemüse, Schalotten, Knoblauch, Safran und Crème fraîche dazugeben, aufkochen und mit Salz und Pfeffer würzen. Die Muscheln hinzufügen und zugedeckt aufkochen. Muscheln, die sich nach dem Kochen nicht geöffnet haben, aussortieren.

4. Die Käsetoasts unter dem Backofengrill goldbraun überbacken. Zum Servieren diagonal vierteln. Basilikum waschen und trocken schütteln, die Blätter abzupfen und fein schneiden. Basilikum mit den Chilifäden über die Muscheln streuen und die Muscheln mit den Tomaten und dem Käsetoast servieren.

OFFENE LASAGNE MIT FLUSSKREBSEN UND SPARGEL

Für 4 Personen | 45 Min. Zubereitung | 15 Min. Garzeit

Rezept von Karlheinz Hauser

FÜR DEN NUDELTEIG:
150 g Hartweizenmehl (aus dem ital. Feinkostgeschäft)
100 g Mehl
3 Eigelb
1 Ei
2 EL Olivenöl
Salz

FÜR DIE SAFRANSAUCE:
100 g kleine weiße Champignons
3 Schalotten
4 EL Butter
100 ml Sekt
200 ml Geflügelfond (aus dem Glas)
150 g Sahne
1 Prise Safran
Limettensaft
300 g Flusskrebsfleisch

FÜR DEN SPARGEL:
500 g grüner Spargel
100 ml Geflügelfond (aus dem Glas)
4 EL Butter
Salz • Pfeffer aus der Mühle
2 Tomaten
2 EL fein gehackter Kerbel

1. Für den Nudelteig Hartweizenmehl, Mehl, Eigelbe, Ei, Olivenöl und 1 Prise Salz zu einem glatten, elastischen Teig kneten, ggf. noch 2 bis 3 EL Wasser hinzufügen. Den Teig in Frischhaltefolie wickeln und 1 Stunde kühl gestellt ruhen lassen. Dann mit der Nudelmaschine ganz dünn ausrollen und in 8 × 8 cm große Stücke schneiden. Kurz vor dem Servieren in reichlich kochendem Salzwasser garen, herausnehmen und abtropfen lassen.

2. Für die Sauce die Champignons putzen. Die Schalotten schälen, fein hacken und in einem Topf in 1 EL Butter andünsten. Die Pilze dazugeben und mitdünsten. Mit dem Sekt ablöschen und die Flüssigkeit fast vollständig einkochen. Den Geflügelfond angießen und diesen auf die Hälfte reduzieren. Die Sauce durch ein feines Sieb passieren.

3. Für den Spargel den Spargel waschen und im unteren Drittel schälen, die holzigen Enden abschneiden. Die Spargelköpfe abschneiden und den restlichen Spargel schräg in Stücke schneiden. Spargelköpfe und -stücke im Fond bissfest garen. 3 EL Butter unterrühren und mit Salz und Pfeffer abschmecken. Die Tomaten kreuzweise einritzen, überbrühen, häuten, vierteln und entkernen. Das Fruchtfleisch in Würfel schneiden. Die restliche Butter zerlassen und den Kerbel darin schwenken.

4. Die Sahne zur Sauce gießen und die restliche Butter und den Safran mit dem Stabmixer untermixen. Die Sauce mit etwas Limettensaft abschmecken. Die Flusskrebse vorsichtig unter die Sauce heben.

5. Die Nudelblätter mit dem Spargel, der Safran-Flusskrebs-Sauce und den Tomatenwürfeln auf Tellern schichten. Mit der übrigen Sauce und dem Kerbel servieren.

Hartkäse
Frischkäse
Weißschimmelkäse

EIN STÜCK VOM GLÜCK

Käse schließt den Magen! Eine Käseplatte darf daher bei einem festlichen Menü nicht fehlen. Was für ein Glück, dass wir eine große Vielfalt haben - von mild bis würzig - und für jeden Käseliebhaber etwas dabei ist.

Frischkäse
Der cremige Frischkäse wird direkt nach der Herstellung verzehrt und brauchen daher keine Zeit zum Reifen.

Hartkäse
Hartkäsesorten wie Parmesan, Grana Padano oder Pecorino haben die längste Reifezeit aller Käsearten. Sie kann je nach Sorte bis zu drei Jahren betragen.

Weißschimmelkäse
Der weiße Edelschimmel verleiht Weichkäsesorten wie dem Camembert einen milden aromatischen Geschmack mit leicht säuerlichem Aroma.

Schnittkäse
Der Name ist Programm: Sorten wie Gouda, Tilsiter oder Bergkäse eignen sich gut zum Schneiden, z.B. in Würfel oder Scheiben.

Blauschimmelkäse
Von mild bis pikant reicht die breite Palette der Sorten, zu denen Roquefort, Gorgonzola und Stilton gehören.

SÜSSES FINALE

Widerstand ist zwecklos, wenn es um Süßes geht. Die Lust darauf liegt uns einfach in den Genen, denn schon für unsere Vorfahren war „süß“ gleichbedeutend mit „nicht giftig“. Lange eine seltene Freude, wurden mit Zucker gesüßte Speisen mit der Erfindung der Raffinade zugänglich für jedermann – Zucker avancierte von der Kostbarkeit zur Massenware.
Übrigens: Das Dessert nach dem Hauptgang zu servieren, ist erst seit dem 19. Jahrhundert üblich. Davor wurden süße und pikante Speisen noch gleichzeitig serviert.

APFEL-MASCARPONECREME

Zwei große säuerliche Äpfel waschen, vierteln und die Kerngehäuse entfernen. Die Viertel in Spalten schneiden und in einer Pfanne in 2 EL Butter 2 Minuten andünsten. 4 EL Ahornsirup dazugeben, kurz aufkochen lassen und vom Herd nehmen.

250 g Mascarpone mit 100 g Naturjoghurt, 3 EL Zucker und nach Belieben 2 EL Calvados glatt verrühren. 100 g Sahne steif schlagen und unterheben. Etwa 30 g Amarettini zerbröseln.

Die Äpfel mit der Flüssigkeit in Gläser füllen, die Creme darübergeben und mit den Amarettini bestreut servieren.

GRATINIERTE BEEREN

Den Backofengrill einschalten. 500 g Beeren der Saison waschen, trocken tupfen und in einer gebutterten Auflaufform verteilen.

Das Mark von 1 Vanilleschote mit 2 Eigelben und 3 EL Zucker schaumig rühren. 200 g Frischkäse unter die Masse rühren. 100 g Sahne steif schlagen und unterheben.

Die Creme auf den Beeren verteilen und unter dem Backofengrill auf der mittleren Schiene goldbraun überbacken. Herausnehmen, abkühlen lassen und mit Puderzucker bestäubt servieren.

MOUSSE AU CHOCOLAT

300 g Zartbitterkuvertüre grob hacken und in einer Schüssel im heißen Wasserbad unter Rühren schmelzen lassen. 2 cl Cognac und 30 ml Espresso unterrühren.

5 Eier trennen. Die Eigelbe mit 3 EL Vanillezucker schaumig rühren. Die Eiweiße in einem hohen Rührbecher sehr steif schlagen, dabei 5 EL Zucker einrieseln lassen. 125 g Sahne ebenfalls sehr steif schlagen.

Die Eigelbe zur geschmolzenen Kuvertüre geben und unterrühren. Die geschlagene Sahne unterrühren, bevor die Masse fest wird. Zuletzt den Eischnee unterheben. Die Mousse in Förmchen füllen und zugedeckt mindestens 3 Stunden kühl stellen.

GLOSSAR

ABLÖSCHEN
Mehlschwitze, Saucenfond, angebratenes Fleisch oder Karamell unter Rühren mit Flüssigkeit auffüllen, dabei entsteht ein zischendes Geräusch.

ABSCHLAGEN
Erwärmen und Abbinden der Zutaten für Saucen oder Cremes im Wasserbad. So lange mit dem Schneebesen schlagen, bis eine gebundene Masse entstanden ist.

ABSCHRECKEN
Heiße Speisen ganz kurz mit kaltem Wasser abbrausen oder abspülen. So lassen sich z.B. Tomaten leichter enthäuten, Reis klebt nicht mehr.

ABSTECHEN
Klößchen mit angefeuchteten Löffeln von einem Teig oder einer Masse abnehmen, formen und weiterverarbeiten.

AUSBACKEN
Paniertes oder mit Teig umhülltes Fleisch, Fisch, Obst oder Gemüse wird in heißem Fett schwimmend knusprig gegart.

BINDEN
Flüssigkeiten durch Zugabe von Bindemitteln (z.B. Mehl, Speisestärke) sämig machen.

BLANCHIEREN
Vorgaren von Gemüse in kochendem Wasser und rasches Abkühlen in bereitgestelltem Eiswasser (Schüssel mit Eiswürfeln in kaltem Wasser).

CONFIEREN
Das Einmachen oder Einkochen von Fleisch und Geflügel im eigenen Fett. Traditionell wird das Fleisch dabei mit Salz eingerieben und über mehrere Stunden bei schwacher Hitze gegart.

FILETIEREN
Entgräten, Enthäuten oder Entfetten von rohen, tierischen Lebensmitteln, auch Herauslösen von Filets einer Zitrusfrucht.

MARINIEREN
Einlegen (Beizen) in eine aromatisierte Flüssigkeit, um Geschmack zu geben, einige Zeit vor dem Verderben zu bewahren oder um Fleisch oder Wild zarter zu machen.

PANIEREN
Umhüllen von gewürzten Lebensmitteln: z.B. in Mehl wenden, durch verschlagenes Ei ziehen und in Paniermehl wenden.

PARIEREN
Zurechtschneiden oder Beschneiden von Fleisch oder Fisch, die so von Fett und Sehnen befreit werden.

PASSIEREN
Weiche, rohe oder gegarte Lebensmittel oder Speisen durch ein Sieb mit einem Löffel oder Passierstab (vom Mixer) streichen.

POCHIEREN
Langsames Garen in Flüssigkeit bei Temperaturen unter dem Siedepunkt (z.B. Eier, Fisch).

REDUZIEREN / EINKOCHEN
Kochen von Brühen, Suppen und Saucen in einem offenen Topf mit großem Durchmesser. Dabei verdampft Flüssigkeit und macht das Kochgut konzentrierter und sämig.

TRANCHIEREN
Rohe oder gegarte Lebensmittel in Scheiben, Teile oder Portionsstücke schneiden.

UNTERHEBEN, UNTERZIEHEN
Gleichmäßiges Verteilen oder lockeres Einarbeiten unter eine Masse, ohne zu rühren (z.B. Eischnee oder geschlagene Sahne unter eine Masse heben).

SO KÖSTLICH WIE VON EINEM ANDEREN STERN

Festlich und raffiniert: Die Spitzenköche aus dem ARD-Buffet verstehen es, jedes Menü zu einem ganz besonderen Erlebnis werden zu lassen. Inspiration für ihre Kreationen finden sie im In- und Ausland, kombinieren Klassisches mit Exotischem und erschaffen stets ihre ganz eigene Interpretation von Raffinesse und Genuss. **Vincent Klink** und **Karlheinz Hauser** mit ihrem großen Erfahrungsschatz, **Michael Kempf** mit seiner Freude an puristischer Ästhetik, **Jörg Sackmann** mit seiner Vorliebe für die asiatische Aromenvielfalt und **Martina Kömpel** mit ihrer frankophilen Küche präsentieren eine vielfältige Rezeptauswahl für jeden Anlass. Mehr feine Küche gibt es jeden Dienstag im ARD-Buffet, ab 12.15 Uhr im Ersten.

NOCH MEHR REZEPTE …

Egal ob Fleisch, Fisch, vegetarisch oder vegan – neue Rezepte gibt es jeden Tag von Montag bis Freitag um 12.15 Uhr im ARD-Buffet im Ersten. Wer eine Sendung verpasst, mehr über unsere Köche wissen oder sich einfach inspirieren lassen möchte, findet darüber hinaus auf www.swr.de/buffet nicht nur die Rezepte der aktuellen Woche, sondern auch alle Gerichte der vergangenen Monate. Also, ran an den Topf und nachgekocht!

HINTER DEN KULISSEN –

DIE NEUE KÜCHE VON ARD BUFFET

REGISTER

J/K

KALB

L

LAMM

M

MUSCHELN

O/P

PILZE

HINWEIS: Sofern nicht anders angegeben, beziehen sich die Backofentemperaturen auf die Ofeneinstellung Ober-/Unterhitze.

IMPRESSUM

Kaiserstraße 14 b
D-80801 München

ISBN 978-3-89883-765-1
1. Auflage 2018

Projektleitung: Linh Nguyen, Katharina Wolf
Vorwort: Sinje Matzner
Texte: Katinka Holupirek
Redaktion SWR: Claus Kober, Helma Heldberg, Susanne Schey
Lektorat: Katinka Holupirek
Grafische Gestaltung: independent Medien-Design, Horst Moser, München
Satz: Georg Feigl, Irene Schulz
Food-Fotografie: Coco Lang
Fotoassistenz: Larissa von Strachwitz
Foodstyling: Sven Dittmann
Herstellung: Frank Jansen
Producing: Jan Russok
Druck & Bindung: optimal media GmbH, Röbel

Lizenziert durch SWR Media Services GmbH

Die ZS Verlag GmbH ist ein Unternehmen der Edel AG, Hamburg.
www.zsverlag.de | www.facebook.com/zsverlag

Im Buch enthaltene Fotos können zur eigenen Nutzung erworben werden unter www.stockfood.com.

BILDNACHWEIS

alle Fotos von Coco Lang, außer:
SWR/Sonja Bell: S. 28, S. 29
SWR/Thorsten D. Hein: S. 131
SWR/Peter A. Schmidt: S. 80
SWR/Stephanie Schweigert: S. 14, S. 51 (unten), S. 106, S. 107 (unten)
©Ben Eden (Prag): S. 81
©THE MANDALA Hotel GmbH: S. 107 (oben)
©Jörg Sackmann: S. 15
©KHH Süllberg Betriebsgesellschaft mbH & Co KG: S. 50
©KHH Süllberg Betriebsgesellschaft mbH & Co KG /Lukas Kirchgasser: S. 51 (oben)